मोदीत्व

विकास और आशावाद का मूलमंत्र

मोदीत्व

विकास और आशावाद का मूलमंत्र

संकलन-संपादन
सिटिजंस फॉर एकाउंटेबल गवर्नेंस

प्रभात पेपरबैक्स
प्रभात प्रकाशन
ISO 9001 : 2008 प्रकाशक का उद्यम
www.prabhatbooks.com

प्रकाशक
प्रभात पेपरबैक्स
4/19 आसफ अली रोड, नई दिल्ली–110002
फोन : 23289555 • 23289666 • 23289777 ❖ फैक्स : 23253233
इ–मेल : prabhatbooks@gmail.com ❖ वेब ठिकाना : www.prabhatbooks.com

संस्करण
प्रथम, 2014

मूल्य
पंचानबे रुपए

अ.मा.पु.स. 978-93-5048-599-6

मुद्रक
भानु प्रिंटर्स, दिल्ली

लेखक : सिद्धार्थ मजूमदार
संपादक : रोहन पसरीचा
सहायक संपादक : शुभरस्थ, गेराजन कोहली एवं साशा मैथ्यू
योगदान : इला बोडस, रुशिराज पटेल एवं आदित्य गांगुली
डिजाइन : अल्केश रोचवानी

★

MODITVA
by Siddharth Mazumdar
Rs. 95.00

Published by **Prabhat Paperbacks** (A Division of Prabhat Prakashan)
4/19 Asaf Ali Road, New Delhi-2

ISBN 978-93-5048-599-6

यह पुस्तक भारत के 1.2 अरब लोगों को समर्पित है ताकि वे दुनिया में प्रजातंत्र के सबसे विशालतम उत्सव में भाग लेने से पहले एक जानकारीयुक्त चयन कर सकें।

प्रस्तावना

वर्ष 2014 एशिया महाद्वीप अनेक चुनावों को देखेगा। अफगानिस्तान एक नए राष्ट्रपति को चुना है, बांग्लादेश ने आम चुनाव देखे और थाईलैंड ने भी। उसी तरह भारत वर्तमान कठिन विविधता की जगह जल्दी ही एक नई सरकार को चुनेगा। इसलिए 2014 हमारे लिए एक महत्त्वपूर्ण वर्ष है–बदलाव का, रूपांतरण का, राजनैतिक, आर्थिक और राष्ट्रीय सुरक्षा के क्षेत्र में।

हमारी संस्कृति में 14 संख्या का एक रहस्यात्मक महत्त्व है। समुद्र मंथन की प्रक्रिया, जिसमें समुद्र से 14 'रत्न' मंथन करके निकाले गए थे। भगवान् श्रीराम भी 14 वर्ष के निर्वासन के बाद ही अयोध्या लौटे थे। निस्संदेह 2014 बदलाव का वर्ष होगा, जिसके लिए लंबे समय से देश आस लगाए बैठा है।

इस वर्ष में चुनाव सैद्धांतिक रूप से दो विचारों के बीच प्रतियोगितापूर्ण होंगे; एक विकास व प्रगति के प्रतिनिधि के रूप में पार्टी कार्यकर्ताओं के उभार का प्रतिनिधित्व करता है। दूसरा अनिवार्य रूप से

एक विचार है, जहाँ राजवंशी पदप्राप्ति भाग्य को निर्धारित करती है।

यह पुस्तक 'मोदीत्व—विकास और आशावाद का मूलमंत्र' 14 उद्धरणों से प्रेरित है, जो नारे नरेंद्र मोदी के हैं, जिसमें शासन, शिक्षा, स्वास्थ्य देखभाल, कृषि और ऐसे ही अन्य विषयों का भंडार है। इनमें से प्रत्येक उद्धरण एक विचार का प्रतीक है, जिसे अगर सही ढंग से लागू किया जाए तो भारत को बदलने में मदद मिल सकती है। श्री मोदी ने न सिर्फ इन मुद्दों पर बात की है, उन्होंने गुजरात के मुख्यमंत्री के रूप में अपने कार्यकाल के दौरान बहुत प्रभावी ढंग से वहाँ उन्हें लागू भी किया है।

इस प्रकार यह पुस्तक इन विचारों का आकलन करने के लिए पाठकों के लिए अच्छा माध्यम है। यह 'सिटीजन फॉर अकाउंटेबल गवर्नेंस' द्वारा सकलित व संपादित किया गया है। संकलन के लिए मेरी शुभकामनाएँ और मुझे आशा है कि इसे अधिक-से-अधिक पाठक पढ़ेंगे।

—जसवंत सिंह

प्रस्तावना

प्रधानमंत्री के उम्मीदवार श्री नरेंद्र मोदी की सोच को रेखांकित करनेवाली पुस्तक 'मोदीत्व' के लिए प्रस्तावना लिखना मेरे लिए एक आनंद की बात है। 'मोदीत्व' शब्द का अर्थ है–मोदी भाव, जो बोलते ही उस व्यक्ति को प्राथमिकता देता है, जैसे कि हिंदुत्व का मतलब हिंदू होना होता है। मोदीत्व के चार आयाम हैं—

1. पारिवारिक गरीबी और जाति सहित बिना किसी शिकायत के सारी बाधाओं को पार करते हुए जीवन में उठना।
2. आप चाहे कितनी भी ऊँचाइयों पर क्यों न जाएँ, आपके जीवन में सरलता और ईमानदारी के प्रति कटिबद्धता दृढ़ और बिना बदले रहनी चाहिए।
3. इसे प्राप्त करने के लिए हमेशा अपने लक्ष्यों व नीतियों पर केंद्रित रहें।
4. आपके शत्रु चाहे कितने ही ताकतवर क्यों न हों, और आपके निंदकों द्वारा चाहे जितने मिथ्यारोप ही क्यों न लादे गए हों, आप

सफलता व हार और लाभ व हानि को सँभालने में अपना संयम न खोएँ और अपने दिमाग को अपने लक्ष्य–प्राप्ति पर केंद्रित किए रहें। नरेंद्र मोदी के पास ये सब चारित्रिक विशेषताएँ हैं और इसी वजह से वह अपनी खराब पारिवारिक परिस्थितियों से ऊपर उठकर भारत के अगले प्रधानमंत्री पद के दावेदार बन गए हैं। गुजरात के आर्थिक विकास में उनका ट्रैक रिकॉर्ड (पीछे का कार्य) हमें यह विकास करने के प्रेरित करता है कि भारत 2020 तक एक उन्नत वैश्विक ताकत बन जाएगा। इसलिए खुशी से मैं 'मोदीत्व' पर इस पुस्तक का स्वागत करता हूँ।

—सुब्रह्मण्यम स्वामी

प्रस्तावना

आम तौर पर भाषण में विचारों पर विचार-विमर्श और बदल सम्मिलित होनी चाहिए, न कि व्यक्तियों पर। चुनावों में खराब भाषण का सार्वजनिक जीवन में स्थायी भ्रष्टाचार कायम रखने में बहुविध प्रभाव पड़ता है। जब बहस जातिगत से विशिष्ट की ओर मुड़ती है, तभी उत्तेजना और प्रचार की सनसनी फैलाती है, जिसे शरीरिक ताकत व पैसे के बल पर बढ़ाया जा सकता है।

भारत चुनौतिपूर्ण दौर से गुजर रहा है और इन सबके बीच नरेंद्र मोदी उम्मीद की एक किरण दिखाते हैं। हमारे देश में कुछ ही नेताओं ने बेहतर भारत बनाने के अपने विचार को रखा है, श्री मोदी उनमें से एक हैं। यह पुस्तक श्री मोदी द्वारा अपने सार्वजनिक जीवन में बनाए गए 14 यादगार उद्धरणों से प्रेरित है, जो बेहतर भारत के लिए उनके सपने को प्रदर्शित करते हैं। भारत के लिए उनका विचार 'राष्ट्र को स्वयं से पहले रखने', 'सबके लिए न्याय और किसी की तुष्टि नहीं', 'वोट बैंक की राजनीति पर विकास राजनीति' और 'सरकार के बजाय शासन'

को फैलाने पर आधारित हैं। ये विचार हमारे लिए अपरिचित नहीं हैं और जैसा कि पुस्तक से पता चलता है, हमारे ही देश में जनमे हैं तथा हमारे इतिहास के सबसे सफल नेताओं द्वारा आजमाए गए हैं। इस तरह के विचार भारत को अपनी प्राचीन गरिमा को बचाए रखने में मदद करेंगे; साथ ही साथ प्रगतिशील व आधुनिक समाज की नींव भी रखेंगे।

अंततः आप पाठक ही, जिन्हें समझदारी से निर्णय लेना है, और यह पुस्तक आपको यह निर्णय लेने में मदद करेगी। श्री मोदी की सोच को आसानी से पढ़ने वाले प्रारूप में रखने के लिए 'सिटीजंस फॉर अकाउंटेबल गवर्नेंस' की इस अनोखी पहल का स्वागत करती हूँ।

—किरण बेदी

भूमिका

यह पुस्तक उस व्यक्ति की विचारधारा को सँजोने का एक प्रयास है, जो संभवत: भारत का भावी प्रधानमंत्री हो सकता है। आज तक हमारे देश में चुनाव व्यक्तियों पर लड़े गए हैं, न कि विचारों पर। और नरेंद्र मोदी ऐसे व्यक्ति हैं, जिनके पास विचारों का भंडार है। 'मोदीत्व—विकास और आशावाद का मूलमंत्र' इन विचारों को समझने का एक माध्यम है, जो नरेंद्र मोदी की विचारधारा को चित्रित करता है। यही नहीं, मोदीत्व केवल मात्र एक विचारधारा नहीं है, जो चुनावों से पहले पल्लवित हुई है, बल्कि यह उस व्यापक प्रशासनिक और राजनैतिक अनुभव का नतीजा है, जिसे श्री मोदी ने प्राप्त किया है। चौदह उद्धरण, जो इस पुस्तक के अध्याय हैं, वे गुजरात के मुख्यमंत्री होने के नाते अपने तेरह वर्ष के कार्यकाल में श्री मोदी द्वारा प्रस्तावित व घोषित किए गए हैं। मोदीत्व की अवधारणा के साथ न्याय करने के प्रयास में श्री मोदी राष्ट्रीय प्रजातांत्रिक गठबंधन (एन.डी.ए.) के प्रधानमंत्री पद के उम्मीदवार घोषित किए जाने के बाद, श्री मोदी द्वारा बनाए गए नारों को इस पुस्तक में शामिल नहीं किया गया है। इन चौदह उद्धरणों में वे चौदह गंभीर चुनौतियाँ सम्मिलित हैं, जिन पर 2014 के चुनावों में बात की जानी चाहिए।

'शब्दों से अधिक कार्यों की महत्ता होती है', यह बात 'मोदीत्व' को राजनैतिक क्षेत्र में अन्य विचारधाराओं से अलग करती है। इनमें से

प्रत्येक नारा, जो मोदीत्व का मुख्य हिस्सा है, प्राचीन भारतीय दर्शन में गहराई से बैठी एक अवधारणा है और इसे दुनिया भर में सफलतापूर्वक आजमाया गया है। जैसाकि इस पुस्तक में चित्रित है, श्री मोदी ने स्वयं इन विचारों को गुजरात में लागू किया है। यह पुस्तक इन विचारों को गुजरात से परे ले जाने की कोशिश है और इसे राष्ट्र के सामने प्रस्तुत करती है, ताकि नागरिक इस बात को लेकर एक जानकारीपूर्ण चयन कर सकें कि कैसे इस देश के भविष्य को सँवारा जाना चाहिए।

नरेंद्र मोदी भारत में उन गिने-चुने राज नेताओं में से हैं, जिन्होंने बेहतर भारत के लिए अपनी सोच को अपनाया है। बाकी राज नेताओं से जो बात श्री मोदी को अलग करती है, वह यह है कि वे 'गरीबी मुक्त भारत' की अप्रत्यक्ष उद्घोषणा करने के बजाय व्यावहारिक समाधान की पहल करते हैं। इनमें से अधिकांश उद्घोषणाएँ इतनी अस्पष्ट और सार्वभौमिक हैं कि दक्षिण पंथी और वामपंथी भी इसकी उपयोगिता पर भाँगड़ा नहीं करेंगे। परिणामत: भारत के मतदाता कार्यसूची और विचार-विमर्श विरले ही उन विचारों पर विमर्श या बहस करते हैं, जिन पर वास्तव में वे वोट दे रहे होते हैं।

श्री मोदी का दर्शन भारत की जन नीति के विकास में भी एक उल्लेखनीय बदलाव करता है। यह भारत की राजनीति में सही दक्षिणपंथी और वामपंथी विभाजन कर सकता है। स्वतंत्र भारत में पात्रता या हकदार बनने की अवधारणा का अत्यंत महत्त्व है। यह वह अवधारणा है, जिसने इंदिरा गांधी के समय में तब आकार लिया था, जब राज्य ने परोपकारी मालिक की भूमिका अपना ली थी और अपने नागरिकों को मुफ्त में चीजें बाँटकर फल-फूल रहा था। मनमोहन सिंह के काल में ये मुफ्त की चीजें धारा-आधारित कानून के द्वारा वैध कर दी गईं।

मोदीत्व हकदार होने की राजनीति से हटकर सशक्तीकरण की ओर आता है, और 'कानूनों के नहीं, बल्कि कार्यों पर' यकीन करता है। यह इस आधार-वाक्य पर आधारित है कि अगर नागरिकों के लिए

अच्छी सड़कें, निरपेक्ष पुलिस बल, उत्तरदायित्वपूर्ण सरकार, प्रयोजनमूलक स्कूल, कार्यकुशल अस्पताल और फलदायी रोजगार होगा। 'मोदीत्व' एक ऐसे राज्य की कल्पना करता है, जहाँ सरकार प्रशासन का एकमात्र स्वामी होने के बजाय एक योग्य बनाने वाली संस्था हो। ऐसे समय में जब भारत की सरकार अनुत्पादक खर्चों और गुटबाजी करने वाले राजनैतिक दलों के अव्यवस्थित जनमत-संग्रहों का समर्थन करने के कारण ऋण के बोझ से बुरी तरह से झुकी हुई है, 'कम सरकार और अधिक शासन' का विचार ऐसा है, जिसे देश को अवश्य आजमाना चाहिए।

एक कार्यकुशल शासन और सुचारू रूप से नियामक मुक्त बाजार से परे 'मोदीत्व' हमारे जैसे विस्तृत रूप से कृषि प्रधान देश में जिस तरह से खेती की जाती है, उसे पुनः क्रियाशील बनाने और उस पर पुनः विचार करने के लिए दृढ़प्रतिज्ञ है। प्रचलित अवधारणा के विपरीत उत्पादकता में गिरावट नहीं आई है, वरन् कृषि की गतिहीनता ने भारत के सामने गंभीर चुनौतियाँ खड़ी कर दी हैं। एक ओर जहाँ कृषि ने गैर-लाभकारी रोजगार में लगभग आधी मानव शक्ति लगाई हुई है, यह मुद्रास्फीति में एक बड़ा योगदान भी देती है।

हजारों-करोड़ों मजदूरों को सीधे उत्पादन कार्य में लगाने की कोशिश करना एक बहुत ही बड़ा काम है। इस बदलाव को होने में साम्यवादी चीन में ही एक दशक से अधिक समय लग गया और इसलिए यह कल्पना की जा सकती है कि अगर भारत के पास सबसे कार्यकुशल सरकार भी है तो वह रातोरात रोजगार में कृषि पर निर्भरता के हिस्से को घटा नहीं सकती है। 'मोदीत्व' कृषि को एक विचारणीय व्यवसाय मानता है।

कृषि में नए तरह से सुधार करने के श्री मोदी के अनेक प्रस्तावों में जो एकदम अलग है, वह है, समय पर व्यापार आधारों को स्थापित करना और मिट्टी के स्वास्थ्य के साथ कार्ड की योजना। अगर सही

ढंग से इसे लागू किया जाता है तो भारत किस तरह से खेती करता है, इसका उस पर गहरा प्रभाव पड़ेगा। एक बार ऐसा हो जाने पर, किसानों को पहले से ही पता चल जाएगा कि कौन सी फसल उनकी मिट्टी की स्थितियों के अनुरूप है, यहाँ तक कि वर्तमान बाजार परिवेश के बारे में भी उन्हें ज्ञात हो जाएगा। खराब और जानकारी विहीन विकल्प अकसर खेती के दोहरे अभिशाप होते हैं। अगर किसानों को यह पता चल जाए कि उनके लिए बेहतर फसल अनिवार्य रूप से वह नहीं होती, जिसे उनके पड़ोसी उगाते हैं। इससे उत्पादक व ग्राहकों दोनों के लिए बेहतर मूल्य प्राप्त करने में मदद मिलेगी, जिससे मुद्रास्फीति व गरीबी दोनों को सुलझाना संभव हो पाएगा।

शिक्षा और स्वास्थ्य देखभाल की दोहरी समस्याएँ, जो गंभीरता से भारत की प्रगति को अवरुद्ध कर रही हैं, 'मोदीत्व' नीति प्रतिपादन पर एक भिन्न सोच प्रस्तुत करता है। यह विरोधाभासी है कि स्वास्थ्य देखभाल पेशेवरों और अध्यापकों की अत्यंत कमी का सामना करनेवाला यह देश कितनी घनी आबादी वाला है। स्वास्थ्य सेवाओं को बेहतर करने के लिए 'मोदीत्व' 'स्वास्थ्य बीमा के बजाय स्वास्थ्य आश्वासन' का समर्थन करता है। यह रक्षात्मक स्वास्थ्य देखभाल को प्राथमिकता देने की जरूरत पर जोर देता है और एक होलिस्टिक सोच को अपनाता है—स्वास्थ्य शिक्षा और स्वास्थ्य आधारभूत ढाँचे को मिश्रित करने की, ताकि समस्त नागरिकों को पूर्ण स्वास्थ्य का आश्वासन मिल सके। शिक्षा व अन्य सामाजिक नीतियों पर 'मोदीत्व' ऐसे नीतिगत ढाँचे को बढ़ावा देता है, जो 'लागत से नतीजे' की ओर जाता है। भाषण देने की वर्तमान नीति, जो भाई-भतीजावाद और भ्रष्टाचार को प्रोत्साहित करती है, एक नतीजा-आधारित होने के बजाय दृष्टिकोण प्रभावी व पारदर्शी वितरण सुनिश्चित करती है।

'मोदीत्व' मानता है कि शहरीकरण एक वास्तविकता है और इसकी उपस्थिति से क्षुब्ध होने के बजाय उसका स्वागत करना चाहिए।

इस रोशनी में, श्री मोदी का एक एकीकृत आधारभूत संरचना ग्रिड और शहरीकरण के दोहरे नमूनों का सपना और सार्थक विचार, जिसके परिणाम बहुत दूरगामी होंगे। भारत के पास अनेक आधारभूत संरचना, ऊर्जा, रेलवे, जलमार्ग, परिवहन और नागरिक विमानन हैं और अधिकांश आधारभूत संरचना संबंधी परियोजनाएँ या तो पर्यावरणीय अनुमति के लिए या 'मंत्रियों के दलों' (ग्रुप्स ऑफ मिनिस्टर्स) की समन्वय सभाओं में बंद पड़ी हैं।

सरकार के इन विशिष्ट विभागों का एकीकरण और जलमार्गों, वायु, रेल और सड़क के रास्ते से वस्तुओं, ऊर्जा और लोगों को बाधा रहित स्थानांतरण के विचार में बड़े पैमाने पर उत्पादकता को सुधारने की संभावना है। भारत के घनी आबादी वाले शहरों को देखते हुए मोदी के 'दोहरे शहर' और 'स्मार्ट शहर' संभवत: ऐसे देश में एकमात्र त्वरित उपाय और सटीक समाधान है, जिसके पास रूस और चीन की तरह अपार भूमि नहीं है। अगर भारत प्रत्येक प्रमुख शहर में एक सामांतर शहर बनाने में कामयाब हो जाता है, तो उसकी आधी जनसंख्या को शहरों में रखना संभव हो जाएगा।

शहरीकरण के विचार को प्रस्तुत करते हुए 'मोदीत्व' का आशय 'पश्चिमीकरण' से नहीं है, वरन् वह 'आधुनिकीकरण' को प्रोत्साहित करता है। श्री मोदी ने हमेशा इस बात पर जोर दिया है कि हमारे शहर व गाँव अगर विकसित होते हैं, तब भी हमारे लोकाचारों को संरक्षित रख उनका प्रसार होना चाहिए। गुजरात का ग्रामीण शहरी (अरबन) नमूना इस अवधारणा का प्रमाण है।

'मोदीत्व' धर्मनिरपेक्षता को भी परिभाषित करता है, यह एक ऐसा शब्द है, जिसका राजनैतिक फायदों के लिए व्यापक रूप से दुरुपयोग किया जाता रहा है। 'मोदीत्व' धर्मनिरपेक्षता की मूल व्याख्या पर लौटने का आह्वान करता है, जो भारत की वास्तविक विचारधारा में समाहित है। धर्मनिरपेक्षता कोई पश्चिम से आयात अवधारणा नहीं है, जैसाकि हमें

यकीन दिलाया जाता है। भारत में चिरकाल से धर्मनिरपेक्षता समस्त धर्मों की समानता के आधार पर कायम रही है। 'राष्ट्र सर्वोपरि' और 'सबके लिए न्याय, किसी की तुष्टि नहीं', भारत जैसे बहुलवादी समाज को आगे बढ़ने के लिए ये बातें प्रेरक शक्ति होनी चाहिए। इस प्रकार की धर्मनिरपेक्षता अंततः वोट बैंक की राजनीति को विकासात्मक कार्यों पर केंद्रित कर इसे बदलने की क्षमता रखती है।

'मोदीत्व' की सोच वास्तविक वृद्धि, सर्वांगीण विकास व सामाजिक सामंजस्य में निहित है। यह ऐसे भारत की परिकल्पना करता है, जहाँ व्यापारी अपने व्यवसाय का संचालन करने के लिए मुक्त हों और सरकार सही आकार की हो, ताकि वह कार्यशील हो सके। यह 'सबका साथ, सबका विकास' की अवधारणा है।

चुनाव के घोषणा-पत्र उम्मीद को जन्म देते हैं। अपने घोषणा-पत्र में उम्मीद की इस चुनौती को सामने रख कुछ लोग राष्ट्र का ढर्रा बदलने वाले विचार देंगे, जो लागू होने पर राष्ट्र को बदलने के लिए उसके समर्थकों को प्रेरित कर सके। इस प्रकार 'मोदीत्व' चुनावी संभाषण को वाक्पटुता से सारगर्भित रूप में रखने का एक प्रयास है।

सार्वजनिक जीवन में, भ्रष्टाचार के कायम रहने से चुनावों में इन खोखले संभाषणों का बहुविध प्रभाव पड़ता है। जब यह बहस जातिगत से विशिष्ट की ओर उन्मुख होती है, तभी यह उत्तेजना और प्रचार की सनसनी फैलाती है, जिसे धन-जनबल से बढ़ाया जा सकता है। इसलिए यह आवश्यक है कि 'मोदीत्व' को व्यापक रूप से पढ़ा जाए, उस पर चर्चा की जाए और उस पर आलोचनात्मक विमर्श किया जाए।

अनुक्रम

सच्ची धर्मनिरपेक्षता वह होगी जब हर नागरिक सोचे कि वह कैसे सभी भारतीयों को लाभ पहुँचा सकता है, न कि केवल एक समुदाय को। तभी भारत समृद्ध होगा।

अध्याय : 1

धर्मनिरपेक्षता का अर्थ है 'पहले भारत'

धर्मनिरपेक्षता का तात्पर्य यह है कि कानून के समक्ष सभी धर्म बराबर हैं। दूसरे समुदाय की कीमत पर किसी एक समुदाय का तुष्टीकरण भारत के सामाजिक ढाँचे को छिन्न-भिन्न कर सकता है। सच्ची धर्मनिरपेक्षता वह है, जब प्रत्येक नागरिक केवल एक समुदाय के फायदे के बारे में न सोचकर समस्त भारतीयों के हितों के बारे में सोचे और तभी भारत संपन्न होगा।

भारत के लिए यह क्यों आवश्यक है?

धर्मनिरपेक्षता को परिभाषित करते हुए कहा जा सकता है कि राष्ट्र को सर्वोपरि मानना ही इसकी अवधारणा है, जिसके बारे में भारतीय चिरकाल से जानते हैं। यह हमारे प्रचलित विश्वास के विपरीत है कि धर्मनिरपेक्षता एक पश्चिमी अवधारणा है और यह मध्ययुगीन इंग्लैंड में आरंभ हुई थी, जब सम्राट् हेनरी अष्टम ने चर्च और राष्ट्र को पृथक् कर दिया था। धर्मनिरपेक्षता की पश्चिम की परिभाषा से भिन्न भारतीय धर्मनिरपेक्षता इस विचार पर आधारित है कि राष्ट्र या देश समस्त धर्मों से समान रूप से जुड़ा होना चाहिए। इसी सोच को मान देते हुए सदियों से भारत एक धार्मिक समाज रहा है। किसी भी

सफल शासक के लिए सार्वजनिक रूप से किसी धर्म का तिरस्कार करना नीति सम्मत नहीं कहा जा सकता।

प्राचीन भारतीय धर्मग्रंथों में अनेक दृष्टांतों में 'सर्वधर्म संमभाव' के विचार को दोहराया गया है, जिसका अर्थ है कि समस्त धर्म बराबर हैं, चूँकि अंतत: सभी मार्ग (धर्म) ईश्वर की ओर ले जाते हैं। भगवद्गीता के अध्याय 18, छंद 66 में भगवान् श्रीकृष्ण इस सिद्धांत पर बल देते हैं कि ईश्वर किसी एक धर्म से बँधा नहीं है, बल्कि वह समान रूप से सबका है। राष्ट्र धर्म से ऊपर है, यह केवल हिंदू धर्म में ही नहीं है। ईसा मसीह ने भी अपने अनुयायियों से कहा था कि सरकारों को किसी एक धर्म का हित चिंतन नहीं करना चाहिए। उसने कहा, 'जो सीजर का है, वह उसे वापस दो और जो ईश्वर का है, वह उसे वापस दे दो।' ईसा मसीह ने अपने अनुयायियों को निर्देश दिया था कि सरकार को किसी एक धर्म को खुश करने से बचना चाहिए। स्वतंत्रता-संघर्ष के दौरान महात्मा गांधी ने राष्ट्र को स्पष्ट रूप में बता दिया था कि वे अंग्रेजों के विरुद्ध किसी एक धर्म के लिए नहीं, वरन् संपूर्ण भारत के लिए संघर्ष कर रहे हैं। जब ऐसा सफलीभूत नहीं हुआ तब उन्होंने स्वतंत्रता दिवस समारोहों का हिस्सा न बनकर विरोध जताया।

स्वाधीन भारत का उदय विकट सांप्रदायिक झगड़ों की राख से हुआ था। उस समय ऐसी अनगिनत घटनाएँ हुईं, जहाँ सरकार और राजनैतिक दलों ने राष्ट्र को एक करने के बजाय उसे विभाजित करने के लिए धर्मनिरपेक्षता का दुरुपयोग किया था। हाल ही में कर्नाटक और उत्तर प्रदेश की राज्य सरकारों ने एक ऐसी योजना की घोषणा की, जिसमें केवल एक विशेष समुदाय की गरीब औरतों को ही विवाहोपरांत सार्वजनिक लाभ प्राप्त करने की अनुमति है। एक ओर जहाँ गरीब औरतों के विवाहादि में सहायता देने के राज्य सरकार के कार्य

सराहनीय हैं, वहीं व्यक्ति यह सोचने पर मजबूर हो जाता है कि समान लाभों को प्राप्त करने के लिए अन्य समुदायों की औरतों को क्यों अयोग्य माना जाता है? अगर अन्य समुदायों की औरतों की इस तरह उपेक्षा की जाएगी, तो क्या गरीब लोगों को सहायता प्रदान करने का सरकार का विशाल लक्ष्य पूरा हो पाएगा? इससे एक बड़ा सवाल उठता है कि सरकारी नीतियाँ केवल एक समुदाय, जाति या धर्म का पक्ष लेने के बजाय आखिर सबके लिए समान रूप में क्यों नहीं हो सकती हैं?

धर्मनिरपेक्षता की ऐसी आधारहीनता और दुरुपयोग ही समुदायों के बीच पक्षपात उत्पन्न करते हैं और अंततः भारतीयों को एक-दूसरे के विरुद्ध खड़ा कर देते हैं। भारत एक बड़े परिवार की तरह है, जहाँ समस्त समुदायों के लोग उसके सदस्य हैं। जब हम संपूर्ण परिवार के बारे में सोचेंगे, तभी सब सदस्यों का फायदा होगा।

नरेंद्र मोदी का समाधान क्या है?

नरेंद्र मोदी ने बार-बार यह स्पष्ट किया है कि भारत की प्रगतिशीलता के विचार का मूल सिद्धांत सभी के लिए 'न्याय' और किसी एक के लिए 'तुष्टीकरण' नहीं होना चाहिए। वे मानते हैं कि प्रत्येक नागरिक की प्रथम पहचान उसकी राष्ट्रीयता होनी चाहिए। अतः अपने समस्त कार्यों और विचारों से हर नागरिक को देश का हित करने का प्रयास करना चाहिए। श्री मोदी का मानना है कि भारत को धर्मनिरपेक्षता की अपनी मूल परिभाषा पर अडिग रहना चाहिए, जो भारत के बनने के साथ-साथ कायम रही।

भारतीय इतिहास से पता चलता है कि यहाँ विभिन्न धर्मों के महान् राजा हुए, जिनके राज्य की जनसंख्या विशाल थी, संपूर्ण भारत को लाभ पहुँचाने के विचार की जगह उनके व्यक्तिगत धार्मिक पक्षपातों ने नहीं ले ली। सम्राट् अशोक ने कुएँ या राजमार्ग केवल बौद्ध

संप्रदाय के लिए नहीं बनवाए, जबकि वह कट्टर बौद्ध था। इसके बजाय उसने सुनिश्चित किया कि सब धर्मों के लोगों को राज्य द्वारा प्रदत्त वस्तुएँ और सेवाएँ प्राप्त हों। सम्राट् अशोक ने गैर-मुसलिम नागरिकों पर से 'जजिया कर' हटा दिया था, क्योंकि वह मानता था कि राष्ट्रीय राजस्व वसूली व्यवस्था पूरी तरह से धर्मनिरपेक्ष होनी चाहिए।

यह विचार और कहाँ आजमाया गया?

गुजरात (भारत)

विगत बारह वर्षों में गुजरात सरकार ने किसी एक जाति, धर्म या समुदाय को नजरअंदाज किए बिना, यानी सभी वर्गों के लिए एक विस्तृत विकास कार्यक्रम चला रखा है। किसी भी जन-कल्याण के कार्यक्रम में सरकार ने किसी भी नागरिक के साथ उसके धर्म के आधार पर भेदभाव नहीं किया है। परिणामतः गुजरात में बहुसंख्यक समुदाय की ही तरह अल्पसंख्यक समुदाय भी समृद्ध हुआ है। गुजरात के मुसलमान समुदाय का ही उदाहरण लें-गरीबी रेखा के 25.5 प्रतिशत के राष्ट्रीय औसत की तुलना में वर्ष 2011-2012 में राज्य में मुसलमानों के लिए गरीबी दर घटकर 11.4 प्रतिशत रह गई थी। भारत की हज कमेटी के अनुसार, जो प्रत्येक राज्य में मुसलिम आबादी के अनुपात के आधार पर हज के लिए सीटों का निर्धारण करती है, वर्ष 2013 में गुजरात में मुसलमानों की ओर से हज पर जाने के लिए अखिल भारतीय स्तर पर माँग अधिकतम थी, यद्यपि गुजरात में बिहार और पश्चिम बंगाल जैसे राज्यों की तुलना में मुसलमान आबादी कम है।

फ्रांसीसी क्रांति के बाद, नए फ्रांसीसी सम्राट् नेपोलियन बोनापार्ट ने 1804 में 'नेपोलीओनिक कोड' की स्थापना की। जब यह कोड पेश किया गया तो यह बड़ा क्रांतिकारी सिद्ध हुआ, क्योंकि वह अपने

नागरिकों को ऐसे देश में किसी भी धर्म को मानने का अधिकार देता था, जो मुख्य रूप से कैथोलिक हो। कोड ने इस बात पर भी जोर दिया कि किसी विशेष समुदाय को लाभ पहुँचाने के बजाय सरकारी नीतियों को फ्रांसीसी साम्राज्य के समस्त नागरिकों को लाभ पहुँचाने के लिए तैयार किया जाए। नेपोलीओनिक कोड का ऐतिहासिक महत्त्व बहुत अधिक है, क्योंकि यह ऐसे समय में आया था, जब अपनी तुष्टीकरण की नीति की वजह से पूववर्ती फ्रांसीसी साम्राज्य खंडित हो गया था। वह कोड आधुनिक इतिहास में अत्यंत प्रभावी प्रशासनिक कोडों में से एक है और आज भी यह बेल्जियम, नीदरलैंड और जर्मनी जैसे अनेक देशों के संविधान में शामिल किया गया है।

❑

न्यूनतम सरकार से नरेंद्र मोदी का आशय सरकार को कमजोर करना नहीं, बल्कि उसे सशक्त करना है।

अध्याय : 2

न्यूनतम शासन, अधिकतम प्रशासन

इसका क्या अर्थ है?

शासन से अभिप्राय नीति-प्रतिपादन और उनके कार्यान्वयन की प्रक्रिया से है। सरकार शासन का संचालन करने के लिए समाज द्वारा स्थापित एक निकाय है। यद्यपि सरकार ही केवल शासन के लिए उत्तरदायी नहीं होती है, उसे कार्यकुशल और पारदर्शी बनाने के लिए नागरिक भी शासन का एक हिस्सा हो सकते हैं।

भारत के लिए इसकी जरूरत क्यों है?

सदियों पूर्व महान् दार्शनिक चाणक्य ने कहा था, "अच्छा शासन वह है, जब सरकार रथ की तरह हो और नागरिक उसके सारथि।" विजयनगर के महान् राजाओं में एक राजा कृष्णदेवराय राजकीय मामलों पर आम लोगों के विचार जानने के लिए अपने संदेशवाहकों पर निर्भर थे।

जैसे-जैसे समाज प्रगति करता है, तो उस अनुपात में सरकार का प्रारूप भी बदलना चाहिए। दुर्भाग्यवश भारत में ऐसा नहीं हुआ। भारत में सरकारों का विस्तार न केवल उन क्षेत्रों में हुआ, जहाँ वह अनावश्यक था, वरन् उन क्षेत्रों में संकुचित हो गईं, जहाँ उनकी अधिक

आवश्यकता थी। केंद्रीय स्वास्थ्य मंत्रालय के मामले पर ही विचार करें। इसके मुख्यालय में बहुत सारे सचिव, क्लर्क और अफसर हैं, पर सरकार द्वारा चलाए जाने वाले अस्पतालों में पर्याप्त डॉक्टर, तकनीशियन, नर्स व उपकरण नहीं हैं। वर्तमान में यह बिना शासन वाली सरकार का बेहतरीन उदाहरण है।

आज सरकार पर से लोगों का विश्वास हटता जा रहा है। जैसा कि ऊपर के उदाहरण में वर्णित किया गया है। अब लोग इलाज के लिए निःशुल्क सरकारी अस्पतालों में जाने के बजाय अधिक महँगे निजी अस्पतालों में जाने को बाध्य हैं। इस प्रकार की स्थिति लगभग प्रत्येक क्षेत्रों में दिखाई पड़ती है, जहाँ सरकार की सक्रिय उपस्थिति होनी चाहिए, जैसे–शिक्षा, सुरक्षा, यातायात आदि।

ऐसा इसलिए हो रहा है, क्योंकि राजनेता आम लोगों से लगातार दूर होते जा रहे हैं। वे निजी फायदे देखते हैं और अल्पकालीन परिणामों पर आधारित निर्णय लेते हैं। येन-केन-प्रकारेण चुनाव जीतने पर ध्यान केंद्रित करने के कारण आमतौर पर राजनीतिज्ञ अपने चुनाव क्षेत्र के अधिकांश लोगों को संतुष्ट नहीं कर पाते हैं। आमतौर पर वे अपने सहयोगियों या सगे-संबंधियों को सरकारी नौकरियों या विभिन्न समितियों, परिषदों आदि के सदस्यों के रूप में उनके नाम सुझाते हैं। लोकसभा से लेकर स्थानीय निकायों और पंचायतों के चुनाव तक, देश में होने वाले प्रत्येक चुनाव में, जब राजनीतिज्ञ इस प्रकार से व्यवहार करते हैं, तब सरकार समाज की आकांक्षा के अनुसार आकार नहीं लेती है। जबकि एक सरकार शासन के द्वारा सबके लिए विकास सुनिश्चित कर सकती है।

नरेंद्र मोदी का समाधान क्या है?

इस संदर्भ में नरेंद्र मोदी 'न्यूनतम सरकार और अधिकतम शासन'

के विचार को आगे रखते हैं। न्यूनतम सरकार के माध्यम से वे इस बात का समर्थन कर रहे हैं कि सरकार का आकार कम न हो, वरन् वह उपयुक्त आकार की हो। श्री मोदी का मानना है कि शासन द्वारा तभी विकास हो सकता है, जब लोग उसमें बनाए विश्वास रखें। विश्वास प्राप्त करने का एकमात्र तरीका है शासन में नागरिकों की भूमिका में बढ़ोतरी करना। श्री मोदी का मानना है कि अगर हम अपने नागरिकों को शक्तिशाली बना दें और अपने राजनीतिज्ञों के विवेकाधिकारों को कम कर दें तो हम अधिकार एवं जिम्मेदारी के बीच एक स्वस्थ संतुलन स्थापित कर सकते हैं।

यह विचार कहाँ आजमाया गया?

'न्यूनतम सरकार और अधिकतम शासन' का प्रयोग व्यापक रूप से लगभग सभी विकसित देशों में अपनाया गया है और अब यह विकासशील देशों में भी लोकप्रिय हो रहा है। नीचे उदाहरण दिए जा रहे हैं कि इस विचार को कहाँ पर कार्यान्वित किया गया और इसके द्वारा कैसे समाज का रूपांतरण कर दिया गया।

गुजरात (भारत)

सन् 2011 में अपने शहरों का आधुनिकीकरण करने के लिए गुजरात सरकार ने 7,000 करोड़ रुपए की योजना आरंभ की। इस योजना के तहत राज्य सरकार ने नगरपालिका निकायों को, इस आधार पर कि अगर वे सही आकार के प्रशासन को स्थापित कर सकें तो विकास अनुदान देने का आश्वासन दिया, जैसे–सरकारी कर्मचारियों, इंजीनियरों, नगर-निवेशकों आदि का उचित संतुलन। चूँकि यह काफी कम समयावधि में करना था, नगरपालिका निकायों ने तकनीकी रिक्तियों को भरने की अभिनव योजना प्रस्तुत की। उन्होंने पूरे गुजरात

में इंजीनियरिंग, वास्तुशिल्प और डिजाइन कॉलेजों के अंतिम वर्ष के छात्रों व स्नातकों से संपर्क किया। चुने हुए युवाओं को उपयुक्त तकनीकी विभागों में इंटर्नशिप और प्रशिक्षण दिया गया। इसके द्वारा निम्नलिखित तीन प्राथमिक लक्ष्यों की प्राप्ति हुई—

- नौकरशाही की प्रचलित नियुक्ति प्रक्रिया से गुजरे बिना नागरिक नगरपालिका शासन का एक हिस्सा बन गए।
- जीवन को प्रभावी बनाने के लिए अपने ज्ञान का इस्तेमाल करने के लिए छात्रों व युवा पेशेवरों को एक अवसर मिला।
- नगरपालिका निकायों को उपयुक्त और कर्मशील कर्मचारी मिले।

पोर्टो एलेगरे (ब्राजील) में सहभागी बजट

एक जमाने में ब्राजील में सार्वजनिक बजट की प्रक्रिया राजनीतिज्ञों और भ्रष्ट व्यापारियों के निहित स्वार्थों द्वारा चालित होती थी। पर पोर्टो एलेगरे में यह इतिहास बदल गया। 1991 में पोर्टो एलेगरे (दक्षिणी ब्राजील का एक शहर) की नगरपालिका सरकार ने नगरपालिका बजट को प्रतिपादित करने और विस्तार देने के लिए एक अभिनव और क्रांतिकारी व्यवस्था निर्मित की।

इस सहभागिता बजट प्रणाली में केवल निर्वाचित प्रतिनिधि ही कर–वसूली और सरकारी धन के व्यय पर निर्णय नहीं ले सकते हैं। विचार–विमर्श और मंत्रणा के द्वारा आम जनता आय और खर्चों की राशि निर्धारित या तय करती है। साथ ही यह भी कि कहाँ और किस प्रकार निवेश करना है, प्राथमिकताएँ क्या हैं, और सरकार के द्वारा कौन सी योजनाओं व कार्यों को विकसित करने की जरूरत है। सहभागिता बजट प्रणाली ने यह सिद्ध कर दिया कि संसाधनों का प्रजातांत्रिक और पारदर्शी संचालन ही भ्रष्टाचार और सरकारी पैसे के दुरुपयोग को रोकने

का एकमात्र तरीका है। ब्राजील के अन्य शहरों और दुनिया के अन्य कई देशों में पोर्टो एलेगरे के उदाहरण को दोहराया गया।

इंग्लैंड (ब्रिटेन) में विद्यालयों का प्रबंधन

सन् 1940 से ब्रिटेन में केंद्रीय सरकार सरकारी स्कूलों के प्रबंधन में महत्त्वपूर्ण भूमिका निभा रही है। आरंभ में यह माना गया था कि अगर स्कूलों का प्रबंधन उनको केंद्रित करते हुए किया जाए तो पूरे ब्रिटेन में छात्रों की विशेषता एक समान होगी। पर 1984 में सरकार को लगा कि लंदन में बैठे अफसरों की बजाय अगर स्कूलों से जुड़े नागरिक इसका संचालन करें तो स्कूल व्यवस्था में और भी सुधार हो सकता है। परिणामस्वरूप, ब्रिटिश सरकार ने स्कूलों का प्रबंधन प्रत्यक्ष पणधारियों (स्टेकहोल्डर), शिक्षक, अभिभावक, मुख्याध्यापकों और स्थानीय समूहों को सौंप दिया। सरकार की जिम्मेदारी उन्हें पर्याप्त कोष प्रदान करने और शिक्षा की गुणवत्ता पर नजर रखने तक सीमित हो गई। आज अंतरराष्ट्रीय संगठन ब्रिटेन की स्कूली पद्धति को विश्व भर में बेहतरीन शिक्षा प्रबंधन पद्धति मानते हैं।

❑

जब सरकार नियंत्रक है और जिस पर नियंत्रण होना है, उनको अवसर नहीं हैं, तभी अकुशलता, भाई-भतीजावाद और भ्रष्टाचार की संभावनाएँ बनती हैं।

अध्याय : 3

सरकार का व्यवसाय में होने का कोई मतलब नहीं है

इसका क्या अर्थ है?

सरकार का काम मुद्रास्फीति पर नियंत्रण करना, बेरोजगारी को कम करना, कानून व व्यवस्था कायम रखना, आर्थिक स्थिरता को बढ़ावा देना और अन्य सभी सेवाओं को उपलब्ध कराना है, जिनको निजी क्षेत्र सुचारु रूप से उपलब्ध नहीं करा सकते हैं। सरकार में इतनी सामर्थ्य होनी चाहिए कि वह ऐसे क्षेत्रों में वाणिज्य को समृद्ध कर सके, जहाँ वह कुशलतापूर्वक नियंत्रण नहीं कर सकती है।

भारत के लिए इसकी जरूरत क्यों है?

भारतीय इतिहास में शुरू से व्यापारियों और राज्य के संबंध सुस्पष्ट रहे हैं। महाभारत के समय में 'अनुशासन पर्व' में भीष्म युधिष्ठिर को फलते-फूलते वाणिज्य व्यापार की महत्ता बताते हैं। चाणक्य भी इस बात पर जोर देते हैं कि एक सरकार को स्वयं व्यापार करने के बजाय व्यापारियों के लिए मददगार होना चाहिए।

सन् 1556 में सम्राट् हुमायूँ की मृत्यु के बाद भारतीय अर्थव्यवस्था

बहुत शोचनीय हालत में थी। मुद्रा की दर गिर गई थी, कानून व व्यवस्था बिगड़ने लगी थी, व्यावसायिक गतिविधियों का ह्रास हो रहा था। जब सम्राट् शेरशाह सूरी ने कार्यभार सँभाला, तो उसकी सर्वप्रथम प्राथमिकता थी गिरते हुए व्यापार को सँभालना। उसने सड़कें बनवाईं। एक प्रभावी डाक तंत्र निर्मित किया और एक पारदर्शी कर-वसूली तंत्र स्थापित किया। उसने उपयुक्त नियामकों द्वारा वाणिज्य में सरकार के हस्तक्षेप पर रोक लगाई और फिर कुछ ही वर्षों में भारतीय अर्थव्यवस्था में एक महत्त्वपूर्ण बदलाव आ गया।

सन् 2013 में भारतीय अर्थव्यवस्था की स्थिति 1556 जैसी ही थी। स्वतंत्रता प्राप्ति के तुरंत बाद, सरकार व्यापार को तिरस्कार और संशय की दृष्टि से देखा करती थी। तब से नीति-निर्माण के पीछे का मुख्य तर्काधार था 'सरकार की बुद्धिमानी बाजार की सामूहिक बुद्धिमानी से अधिक है।' चूँकि सरकार व्यावसायिक गतिविधि के लगभग प्रत्येक क्षेत्र में फैली हुई है—डबल रोटी बनाने, हवाई सेवा से लेकर निजी व्यापार का संचालन करती है। ऐसी नीतियों ने सरकार के एकाधिकार को बढ़ावा दिया और उसका देश की आर्थिक व सामाजिक क्षमता पर अनर्थकारी प्रभाव पड़ा। सरकार के अनेक गतिविधियों में संलग्न हो जाने के कारण उसने शिक्षा देना, स्वास्थ्य, सड़कें, एक निरपेक्ष पुलिस तंत्र और कार्यकुशल प्रशासन जैसे संवैधानिक रूप से अनिवार्य कर्तव्यों को नजरअंदाज कर दिया। सरकार के अनुचित विस्तार ने उद्यम से जुड़ी गतिविधियों, विदेशी निवेश और उपभोक्ता कल्याण जैसे कार्यों को भुला दिया। नौकरियों के अवसर निर्मित करने के लिए उद्यमों का विस्तार जरूरी है। जब सरकारी नीतियाँ उद्योगों के अस्तित्व को बाधित करती हैं, तो नई नौकरियों पर उनका विपरीत प्रभाव पड़ता है।

जब सरकार इस तरह के कार्य करती है, तो वह स्वहित संबंधी

गंभीर विवाद को जन्म देती है। सरकार के नियंत्रक बनने से अकार्यकुशलता, भाई-भतीजावाद और भ्रष्टाचार को बढ़ावा मिलता है। इसका एक अच्छा उदाहरण है 2012 में एयर इंडिया का वित्तीय बचाव। उस समय जब अपने व्यवसाय शुरू करने के लिए युवा उद्यमियों को सरकार द्वारा नियंत्रित बैंकों से ऋण लेने में कठिनाई हो रही थी, तब सरकार ने सरकारी बैंकों को एयर इंडिया हवाई सेवा को 30,000 करोड़ रुपए की वित्तीय सहायता देने के लिए कहा। यह स्थिति इसलिए आई, क्योंकि उन्होंने एअर इंडिया की व्यवस्था को ठीक ढंग से सँभाला नहीं था। अगर नागरिकों द्वारा ऐसी हवाई सेवा कंपनी का संचालन किया गया होता, जो खराब प्रबंधन के कारण दिवालिया हो गई थी, तब बैंकों के लिए वित्तीय सहयोग देना असंभव था।

सन् 2012 का इकोनॉमिक फ्रीडम इंडेक्स (ई.एफ.आई.) जो संपत्ति के अधिकारों की रक्षा से लेकर उद्यम को बढ़ावा देने जैसे दस आधारों पर देश के कार्यों पर नजर रखती है, के अनुसार भारत इस श्रेणी में सबसे निचले स्थान पर आता है। पिछले कुछ वर्षों में, भारतीय व्यवसायी लगातार यह कह रहे हैं कि घरेलू आर्थिक स्थिति को देखते हुए वे विदेशों में निवेश करना ज्यादा पसंद करते हैं। यह उस देश की महत्त्वाकांक्षा के एकदम विपरीत है, जो अपनी अर्थव्यवस्था को समृद्ध करने और नई नौकरियाँ निर्मित करने के लिए विदेशी निवेश ढूँढ़ रहा है।

संक्षेप में कहा जा सकता है कि जब सरकार स्वयं व्यवसाय में होती है तो कोई अन्य अपने व्यवसाय की अच्छी शुरुआत नहीं कर सकता है।

श्री नरेंद्र मोदी का समाधान क्या है?

नरेंद्र मोदी ने हमेशा यह कहा है कि सरकार का ध्यान पूरी तरह

आवश्यक वस्तुओं तथा बाजार में उनकी लगातार उपलब्धता पर केंद्रित होना चाहिए और इसके साथ-साथ बाजार का नियमन एक पारदर्शी और उद्देश्यपूर्ण ढंग से करना चाहिए। श्री मोदी का सुझाव है कि सरकार को उन गतिविधियों में संलग्न नहीं होना चाहिए, जिन्हें निजी क्षेत्र अधिक कार्यकुशलता से कर सकते हैं। सरकार को उपभोक्ताओं को वस्तुएँ बेचकर अधिकाधिक लाभ कमाने के बजाय अर्थव्यवस्था में नई क्षमताओं को बढ़ावा देने पर ध्यान देना चाहिए। अगर ऐसी सोच को अपनाया जाए तो भारत में भी ऐसी सरकार हो सकती है, जो लचीली, कार्यकुशल और प्रभावशाली होगी।

यह विचार और कहाँ आजमाया गया?

गुजरात (भारत)

गुजरात की विकास की कहानी के मुख्य कारकों में एक है, सरकार का व्यवसाय में खुद घुसने की कोशिश करने के बजाय व्यवसायों की सहायता व उन्हें बढ़ावा देने का लगातार प्रयास। गुजरात सरकार ने व्यापक स्तर पर बिजली, सड़कों और अन्य आधारभूत ढाँचों में निवेश किया है। व्यवसायों के अधिकारों की रक्षा करने और उनके उत्तरदायित्वों को निर्धारित करने के लिए सरकार ने एक पारदर्शी और नियम-आधारित औद्योगिकीकरण प्रक्रिया का पालन किया। सरकार ने प्रसिद्ध 'उज्ज्वल गुजरात शिखर' (वाइब्रेंट गुजरात समिट) का भी आयोजन किया, जिसमें प्रत्याशित निवेशकों को एक ही जगह पर सेवा उपलब्ध कराई गई। गुजरात की सरकार बहुत ही पेशेवर तरीके से उन नियामकों का संचालन करती है, जो राज्य के सर्वांगीण कल्याण के लिए महत्त्वपूर्ण हैं, जैसे-खाद्य, सिंचाई, गैस, बिजली, बंदरगाह विकास और औद्योगिक विकास।

इस पर गौर करें—अपनी 1600 किलोमीटर लंबी तटरेखा का

उपयोग करने के लिए, कार्यात्मक तरीके से नए बंदरगाहों और संबंधित क्षमताओं को विकसित करने के लिए 'गुजरात समुद्री बोर्ड' ने अभिनव निजीकरण मॉडलों को बढ़ावा दिया। यह प्रयास आश्चर्यजनक था। पिछले 100 वर्षों से मुंबई बंदरगाह को भारत के 'समुद्री प्रवेशद्वार' के रूप में देखा जाता था, पर हाल ही में गुजरात ने समस्त राष्ट्रीय जहाजी माल के एक तिहाई माल को अकेले सँभालते हुए इस पदवी को प्राप्त किया।

ब्रिटेन में प्रधानमंत्री मार्गेट थैचर की आर्थिक नीति

1970 के अंतिम दशक तक ब्रिटेन को 'यूरोप का बीमार व्यक्ति' (सिक मैन ऑफ यूरोप) माना जाता था। एक औपनिवेशिक ताकत होने के कारण महाद्वीपीय राष्ट्र दोहरे अंकों वाली मुद्रास्फीति, न्यून वृद्धि और अत्यधिक बेरोजगारी में फँस गया था। पूर्ववर्ती जन नीतियाँ यह सुनिश्चित करती थीं कि सरकार का दूर-संचार से लेकर हवाई सेवाओं तक पर अंग्रेजों के जीवन के प्रत्येक आयाम पर नियंत्रण रहे। अपने ग्यारह वर्ष के कार्यकाल में मार्गेट थैचर ने प्रतियोगिता को बढ़ावा देकर गैर-मुख्य क्षेत्रों से सरकार को हटाकर, कम कर और मुद्रास्फीति को नियंत्रित कर ब्रिटेन की अर्थव्यवस्था की स्थिति को बदल दिया। उनकी आर्थिक नीति आज क्षीण होती अर्थव्यवस्थाओं का कायाकल्प करने का मंत्र बन गई है। आज ब्रिटेन की अर्थव्यवस्था दुनिया में अत्यधिक प्रतियोगी और गतिशील अर्थव्यवस्थाओं में से एक है। उनकी इस दृढ़ता के कारण ही उन्हें ब्रिटेन की 'आयरन लेडी' के नाम से जाना जाता है।

❑

हमारे संविधान-निर्माताओं ने माना था कि भारत राज्यों का संघ होगा; इस तथ्य को दरकिनार करते हुए कि प्रशासन की दृष्टि से राज्य संघीय ढाँचे का अविभाज्य अंग है।

अध्याय : 4

एक मजबूत गणतंत्र के लिए सहयोगी, न कि बलशाली संघ

इसका क्या अर्थ है?

संघवाद सरकार की एक प्रणाली है, जिसमें केंद्रीय सरकार और राज्य सरकारों के बीच सत्ता और अधिकार बाँटे जाते हैं। सहयोगी संघवाद का अर्थ है–सत्ता का विकेंद्रीकरण और संघ, राज्य और स्थानीय एजेंसियों तथा संस्थानों के पास समान अधिकार न होना। बल संघवाद, जिसमें संपूर्ण रूप से ताकतवर केंद्रीय सरकार के द्वारा राज्य प्रशासकों पर नीतियाँ थोपी जाती हैं, जबकि सहयोग गणतंत्र में राष्ट्रीय व राज्य सरकारें साथ मिलकर सहयोगी ढंग से मामलों का निपटारा करती हैं।

भारत के लिए इसकी जरूरत क्यों है?

भारत में शासन की समस्त जिम्मेदारियों को अपने हाथ में लेना एक केंद्रीय सरकार के लिए असंभव है। स्वस्थ संघवाद की अवधारणा में एक दर्शनशास्त्र है, जिसकी जड़ें प्राचीन समय से जमी हुई हैं। आंरभिक बौद्ध और हिंदू ग्रंथों ने यह वर्णन मिलता है कि भारतवर्ष

'सोलह महाजनपदों' से बना है। धीरे-धीरे भारत में प्रत्येक शासक जिला व प्रांतीय प्रशासन के द्वारा अपना शासन चलाने लगा। सहयोगी संघवाद सफल प्रशासन को स्थापित करने के लिए इतना महत्त्वपूर्ण था कि सम्राट् जहाँगीर ने अपने प्रांतों को पर्याप्त स्वायत्तता देने के लिए बड़े-बड़े सुधार किए।

स्वतंत्रता-प्राप्ति के पश्चात् हमारे संविधान निर्माताओं ने विस्तृत रूप से उस संघवाद के मॉडल पर विचार-विमर्श किया, जिसे भारत को अपनाना था। अंततः वे इस बात पर सहमत हुए कि भारत 'राज्यों का संघ' होगा, जिसके द्वारा इस तथ्य को मान लेना कि शासन प्रबंधन में राज्य एक अनिवार्य सत्ता है। यद्यपि पिछले कुछ वर्षों में संघवाद अत्यधिक उलझन में था। ऐसे अनगिनत अवसर देखने को मिलते हैं, जहाँ केंद्रीय सरकार ने राज्य सरकार की स्वायत्तता को बाधित या समाप्त करने का प्रयास किया। चूँकि लगातार विकास का दायित्व राज्यों पर पड़ रहा था, इसलिए राजस्व एकत्र करने का क्षेत्र अत्यंत सीमित था। राज्य व्यापक रूप से केंद्रीय सरकार पर निर्भर रहते हैं और इस निर्भरता का इस्तेमाल अकसर राष्ट्रीय कल्याण की कीमत पर संकीर्ण राजनैतिक उद्देश्यों को पूरा करने के लिए किया जाता है।

भारत का संविधान केंद्रीय और राज्य सरकारों के लिए अलग-अलग नीति-निर्माण के क्षेत्रों का निर्धारण अलग-अलग सूची में करता है। हाल ही में केंद्रीय सरकार ने उन विषयों पर कानून बनाने के अनेक प्रयास किए, जो राज्य सरकार के अधिकार क्षेत्र में आते हैं। ऐसा ही एक मुद्दा है 'कानून और व्यवस्था' के क्षेत्र में केंद्रीय सरकार द्वारा कानून बनाने का प्रयास, जो संविधान के अनुसार राज्य सरकारों के क्षेत्र के अंतर्गत आता है। अगर यह कानून बन जाता है तो यह अनगिनत केंद्रीय एजेंसियों व संस्थानों को अत्यधिक सत्ता प्रदान कर देगा। नई दिल्ली देश का केंद्र नहीं है और न ही राष्ट्रीय राजधानी में सत्ता के

गलियारों तक सभी नागरिकों की पहुँच है। राज्य व स्थानीय सरकारों के संबंध अपने नागरिकों के प्रति प्रत्यक्ष घनिष्ठता में निहित हैं।

अगर इन सरकारों को पर्याप्त रूप से सुदृढ़ नहीं किया जाएगा तो प्रजा व प्रशासन के बीच दूरी इतनी अधिक हो जाएगी कि उसे भर पाना मुश्किल हो जाएगा।

श्री नरेंद्र मोदी का समाधान क्या है?

'सहयोग से न कि बल संघवाद से' के संबंध में नरेंद्र मोदी ने कहा कि केंद्र और राज्य का संबंध अधीनीकरण का न होकर सहयोग का होना चाहिए। श्री मोदी मानते हैं कि हर प्रकार की सरकार—केंद्र से लेकर ग्राम पंचायत तक—एक बेहतर भारत बनाने में बराबर की भागीदार हैं। राज्य और केंद्रीय सरकार को प्रतिद्वंद्वी बनने के बजाय अपनी कल्याणकारी नीतियों पर संगठित होना चाहिए। अगर केंद्र और राज्य सरकारें भिन्न-भिन्न मुद्दों की बात करती हैं तो इससे नागरिकों का नुकसान और राजनेताओं का हित-साधन होता है।

श्री मोदी ने हमेशा 'सरकार सहायक हो' के सिद्धांत का समर्थन किया है, यानी कि सरकार के विभिन्न प्रकारों को अधिक स्वायत्तता प्रदान करना, जो लोगों से सीधे जुड़े हुए हैं और यह ग्राम पंचायत स्तर से शुरू होता है। उन्होंने यह भी कहा कि सरकार के प्रत्येक प्रकार को उस क्षेत्र में कार्य करने पर ध्यान केंद्रित करना चाहिए, जैसा कि संविधान में वर्णित है और जरूरत पड़ने पर उसे सरकार के अन्य प्रकारों के साथ सहयोग करना चाहिए।

यह विचार कहाँ आजमाया गया?

गुजरात (भारत)

गुजरात सरकार ने इस विचार की पहल करते हुए सर्वप्रथम

'चलो तालुके अभियान' शुरू किया। इस अभियान के अंतर्गत गुजरात सरकार ने प्रत्येक पंचायत के लिए बजट निर्धारित किया और उनसे कहा कि वे निश्चित करें कि उनके गाँवों में किस चीज की जरूरत है। राज्य सरकार के साथ सहयोग सुनिश्चित करने के लिए वरिष्ठ अधिकारी और मंत्रियों को उनकी योजना प्रक्रिया में मदद करने के लिए नियुक्त किया गया। यह महसूस किया गया कि गांधीनगर में सरकारी अफसर यह जानने की स्थिति में नहीं होते हैं कि गाँववालों की वास्तविक जरूरतें और अभाव क्या हैं, इसलिए उस कार्य को पंचायत पर छोड़ना ही उचित था।

ऑस्ट्रेलिया के कॉमनवेल्थ में एक सहयोगी संघ भागीदारी

सन् 1992 में ऑस्ट्रेलिया के तत्कालीन प्रधानमंत्री पॉल कीटिंग ने 'काउंसिल ऑफ ऑस्ट्रेलियन गवर्नमेंट्स' (सीओएजी) का गठन किया। सीओजी दुनिया में अपनी तरह का एक निकाय है, जिसमें केंद्रीय सरकार के प्रतिनिधि व राज्यों के नेता स्थानीय सरकारों से समय-समय पर मिलते हैं। जिन नीतियों को केंद्रीय और राज्य सरकार का सहयोग चाहिए, सीओएजी के माध्यम से लागू किया जाता है और उसके निर्णय का सम्मान केंद्र और राज्य दोनों द्वारा किया जाता है। सीओएजी ऑस्ट्रेलिया में राष्ट्रीय महत्त्व के मुद्दों को निष्पादित करने के लिए, जिसमें जलवायु परिवर्तन, राजस्व बँटवारा, शिक्षा, पानी वितरण, केंद्रीय सरकार की योजनाओं का प्रारूप तैयार करना और अंतर-सरकारी गतिविधियों का समन्वय करना सरकार के हर प्रकार को एक मंच प्रदान करता है।

❑

नेरंद्र मोदी ने सदा 'विभाजन की नहीं' बल्कि 'विकास की राजनीति' की वकालत की है।

अध्याय : 5

वोट बैंक की राजनीति पर विकास की राजनीति

इसका क्या अर्थ है?

विकास की राजनीति का अर्थ है–देश में अच्छा शासन, आर्थिक संपन्नता और सम्मिलित विकास की प्रमुखता। इसके विपरीत, फूट डालने वाली नीतियाँ और उपायों के द्वारा वोट बैंक की राजनीति वोट बैंक निर्मित करने की पद्धति है। मतदाताओं को जाति, धर्म और मत के आधार पर निर्वाचन-क्षेत्रों का विभाजन उनके विकास के रिकॉर्ड की बजाय उम्मीदवार और दल की सामाजिक पहचान, कट्टरता के आधार पर वोट देने को उकसाते हैं।

भारत के लिए इसकी जरूरत क्यों है?

महान् पारसी विद्वान् अबुलफजल ने लिखा है कि एक बार बादशाह अकबर से पूछा गया था कि आप एक मुसलमान बादशाह हैं। तब एक ऐसे राष्ट्र पर कैसे शासन करेंगे, जहाँ हिंदुओं की बहुलता है? बादशाह ने जवाब दिया था कि वह एक बादशाह है, जिसे अल्लाह ने निर्देश दिया है कि वह न सिर्फ हिंदुओं या मुसलमानों की सेवा करे,

वरन् समस्त भारतीयों की सेवा करे। भारत के लौह-पुरुष सरदार पटेल मानते थे कि अच्छा शासन और ग्रासरूट स्तर पर विकास एकता बनाए रखने में बहुत समर्थ हैं। इस प्रकार भारत के उप प्रधानमंत्री के रूप में अपने कार्यकाल में उन्होंने नौकरशाही को राजनीतिज्ञों के नियंत्रण से पृथक् करने का प्रयास किया, ताकि विकास को किसी एजेंडा द्वारा बंधक न बनाया जा सके।

प्रजातंत्र के आगमन से, यह माना गया कि भारत में जनता से सीधी बातचीत और विचार-विमर्श लोगों की जरूरतों के अनुसार होंगे। लेकिन कुछ राजनैतिक दलों ने कट्टर और फूट डालने वाली बातों के द्वारा विकासात्मक विचार-विमर्श के विस्तृत मुद्दे को नजरअंदाज कर दिया है। ऐसा ये दल वोट बैंक की राजनीति के कारण कर सके हैं।

वोट बैंक की राजनीति-इस शब्द का प्रचलन समाजशास्त्री एम.एन. श्रीनिवास द्वारा आरंभ किया गया था और मूलत: इसका प्रयोग जाति के आधार पर मतदान होने के लिए किया जाता था, पर बाद में इसका प्रयोग जाति, धर्म और भाषाई समूहों पर आधारित वोट बैंकों को वर्णित करने के लिए किया जाने लगा। भारत विविधता वाला एक विशाल देश है और यह स्वाभाविक है कि विविध लोगों, संस्कृतियों और इतिहास के इस पंचमेल मिश्रण का प्रतिनिधित्व करने के लिए अनेक दल होंगे। वोट बैंक की राजनीति तब उभरती है, जब राजनैतिक दल अपने खुद के संकीर्ण राजनैतिक उद्देश्यों के लिए इन अंतर्भूत विभाजनों का गलत ढंग से फायदा उठाते हैं।

पिछली सदी से हमारे देश के लिए वोट बैंक की राजनीति एक शाप बनकर रह गई है। सबसे पहले इसका इस्तेमाल अंग्रेजों द्वारा पृथक् निर्वाचन-क्षेत्रों के नाम पर हमें विभाजित करने के लिए किया गया था। स्वतंत्रता-प्राप्ति के बाद चुनाव जीतने के लिए राजनैतिक दलों ने इस चलन को जारी रखा। जब एक सत्तासीन दल के पास प्रस्तुत

करने के लिए अपनी कोई उपलब्धि नहीं होती है, तो वह वोट बैंक की राजनीति का सहारा लेता है। एक बार जब ये राजनैतिक दल इस तरह की कार्यसूची के आधार पर चुनाव जीत जाते हैं, तो उनके पास सर्वांगीण विकास प्राप्त करने का कोई मार्ग नहीं होता है और वे इसलिए अल्पकालीन नीतियों के अनुसार काम करते हैं तथा अपने निर्वाचन-क्षेत्र से मात्र वोट का लाभ पाना चाहते हैं। यह तथ्य बड़े पैमाने पर बताता है कि आखिर क्यों भारत में कुछ सरकारों के पास ऐसी सोच व नीतियाँ रही हैं और ये देश के विकास में सबसे बड़ी बाधा रही हैं।

ऐसे परिवेश में 'विकास की राजनीति' एक स्फूर्तिदायक परिवर्तन प्रदान करती है। विकास की राजनीति वही सब काम करती है, जिसके लिए वादे किए गए थे और यह जाता तक विकास होने का संदेश ले जा रही है। इसमें प्रचार की बजाय उपलब्धियों को बताकर चुनाव जीतने का प्रयास किया जाता है। जब राष्ट्रीय विचार-विमर्श विकास की राजनीति पर केंद्रित हो जाता है तो यह निर्वाचित प्रतिनिधियों को अधिक उत्तरदायी बना देता है। ऐसे माहौल में, अच्छे शासन के बिना उनके लिए चुनाव जीतना असंभव होगा।

वोट बैंक की राजनीति का अनुसरण राष्ट्र को दिवालिया बना देता है।

श्री नरेंद्र मोदी का समाधान क्या है?

श्री मोदी ने हमेशा कहा है, 'विभाजन की नहीं, विकास की राजनीति'। वे हमेशा 'सबका हाथ सबका विकास' पर अटल रहे हैं। उनके चुनाव अभियानों में उनके विरोधियों ने सार्वजनिक भाषणों को किसी विशेष समुदाय या जाति की ओर उन्मुख करने का प्रयास किया। लेकिन इन बातों से विचलित हुए बिना नरेंद्र मोदी लगातार इस तरह

के रुख पर कोई प्रतिक्रिया देने से इनकार करते रहे और इसी बात पर जोर दिया कि जनता के साथ होने वाली बातचीत केवल विकास के इर्द-गिर्द ही होनी चाहिए है। उन्होंने हमेशा यही कहा कि एक निर्वाचित प्रतिनिधि के रूप में उनका संवैधानिक कर्तव्य है-समस्त लोगों की जरूरतों को पूरा करना। यहाँ तक कि उन लोगों के लिए भी, जिन्होंने उन्हें वोट नहीं दिया है। इस तरह मोदी लोगों के किसी एक वर्ग को संतुष्ट करने में विश्वास नहीं करते हैं।

इस विचार को और कहाँ आजमाया गया?

गुजरात (भारत)

अपने विकास के ट्रैक रिकॉर्ड के आधार पर श्री मोदी ने तीन बार लगातार निर्वाचित होकर गुजरात में वोट बैंक की राजनीति को सफलतापूर्वक ध्वस्त किया है। ऐतिहासिक रूप से भारतीय राजनीति में बहुत कम सरकारें ही सत्ताधारी-विरोधी घटक—(एक तथ्य कि जब मतदाता वर्तमान सरकार से असंतुष्ट होते हैं) को चुनौती दे पाई हैं।

गुजरात सरकार द्वारा निर्मित सड़कें, चौबीस घंटे बिजली की आपूर्ति और नौकरियों के नए अवसर से समस्त गुजरात निवासियों को फायदा हुआ है। सच तो यह है कि श्री मोदी का समाज के सारे वर्गों में अपनी लोकप्रियता बढ़ाते हुए बार-बार सत्ता में आने में सफल हो पाए हैं। यह बात भारतीय राजनीति में विभिन्न जातियों व समुदायों के मतदाता केवल विकास के लिए वोट दे रहे हैं, एक मूलभूत रूपांतरण दरशाती है।

अमेरिका को संगठित करने में राष्ट्रपति अब्राहम लिंकन की बपौती

अमेरिका के सोलवें राष्ट्रपति अब्राहम लिंकन एक ऐसे नेता रहे,

जिन्होंने सार्वभौमिक विकास पर अपने निरंतर प्रयासों के माध्यम से अत्यधिक विपरीत परिस्थितियों में अपने राष्ट्र के लोगों का दिल जीत लिया था। दासता की वजह से श्वेत व अश्वेतों में संघर्ष और गृहयुद्ध के कारण उत्तरी व दक्षिणी श्वेतों के बीच के कटु विभाजन से उभरने में उन्होंने देश की मदद की। अब्राहम लिंकन एक बँटे हुए समाज को संगठित करने को कटिबद्ध थे और एक ऐसी आर्थिक नीति चाहते थे, जिससे सबको फायदा मिले।

लिंकन के शासन काल में अमेरिका के इतिहास में सबसे महत्त्वाकांक्षी आधारभूत ढाँचा परियोजनाओं का काम शुरू हुआ। अपने गेट्टिसबर्ग के संबोधन में राष्ट्रपति लिंकन ने नीति-निर्माण की नींव रखी, जिसमें किसी भी विशेष समुदाय या जाति को अलग नहीं किया जाएगा। उनके प्रशासन ने जो रेलमार्ग व नहरें बनाईं, उसका प्रयोग समस्त नागरिकों ने किया। 19वीं सदी में उन्होंने जान लिया था कि विकास व संगठन को बढ़ावा देने के लिए रेलवे एक महत्त्वपूर्ण माध्यम है। इस सब कारणों की वजह से उन्हें अमेरिका के इतिहास में महानतम राष्ट्रपतियों में से एक माना जाता है।

❑

शहरी क्षेत्रों की सुविधाएँ ग्रामीणों को उपलब्ध कराने से ग्रामीण क्षेत्रों का समुचित विकास होगा और इससे शहरी क्षेत्रों की ओर होनेवाले पलायन में भी कमी आएगी।

अध्याय : 6

आत्मा गाँव की, सुविधा शहर की

इसका क्या अर्थ है?

'आत्मा गाँव की, सुविधा शहर की' यह अवधारणा एक विकास सिद्धांत की है, जिसका लक्ष्य है गाँवों और शहरों की बेहतरीन खूबियों को मिलाना। इसमें वैश्विक गाँवों के विकास का आह्वान है, गाँवों के स्वरूप से छेड़छाड़ किए बिना शहरी सुविधाओं के साथ ग्रामीण समुदाय के मूल तत्त्व को संरक्षित और पोषित करना है। इस प्रकार यह अवधारणा संशोधित 'ग्राम-शहरी' के प्रकारों को निर्मित करती है।

भारत के लिए यह जरूरी क्यों है?

प्राचीन भारत में शहरीकरण का एक अनोखा स्वरूप था। सिंधु-घाटी सभ्यता की एक समूह-आधारित सोच थी, जिसमें ग्रामीण समुदाय एक शहरी समूह बनाने के लिए एक-दूसरे से जुड़े हुए थे। पिछली सदी में औद्योगिकीकरण ने संस्कृति और अर्थव्यवस्था के संदर्भ में ग्रामीण-शहरी विभाजन में वृद्धि ही की है।

आज आर्थिक विकास तीव्र शहरीकरण का पर्याय बन गया है। लोग नौकरियों, सुविधाओं और एक गुणवत्तापूर्ण जीवन की खातिर लगातार गाँवों से शहरों में आ रहे हैं। 2011 की जनगणना दरशाती

है कि ग्रामीण आबादी के लिए शहरी आबादी की दशकीय वृद्धि दर 32 प्रतिशत के मुकाबले केवल 10 प्रतिशत है। अनवरत चलने वाले भूमि–विषयक संकट ने लोगों को कृषि, दुग्ध जैसे पारंपरिक व्यवसायों को छोड़कर बेहतरीन अवसरों की तलाश में शहरों की ओर आने को बाध्य किया।

एक तरफ जहाँ शहर आधारभूत ढाँचों के लिए मानवशक्ति उपलब्ध कराकर आर्थिक विकास में मदद करते हैं, वहीं उनकी कुछ कमियाँ भी हैं। भारत के प्रमुख महानगर आबादी के विशाल बहाव का सामना करने में असमर्थ हो चरमरा रहे हैं और उनमें भारी तनाव के लक्षण दिखाई पड़ रहे हैं। ये तनाव बढ़ी हुई अपराध दर, प्रदूषण व पारिस्थितिकी नुकसान के रूप में परिलक्षित हो रहे हैं।

भारत जैसे राष्ट्र में ग्रामीण विकास प्रमुख होना चाहिए, जहाँ उसकी आधी से ज्यादा आबादी गाँवों में रहती है। नए शहर बनाने की होड़ में, देश की आबादी को कायम रखने और सदियों से संस्कृति को सुरक्षित रखने वाले गाँवों की सफलता और महत्ता को भुला दिया गया है। महात्मा गांधी के अनुसार भारत का जोश और आत्मा गाँवों में बसती थी। उन्होंने कहा था, "वास्तविक भारत को शहरों में नहीं, वरन् उसके सात लाख गाँवों में पाया जा सकता है। अगर गाँव नष्ट हो जाएँगे, तो भारत भी नष्ट हो जाएगा।" गाँव स्थानीय आत्मनिर्भरता, सामुदायिक रहन–सहन और परिवेश के साथ एक समन्वयक समीकरण बनाते हैं, जो प्रतिदिन अधिक मुद्रा प्राप्त कर रहे हैं; क्योंकि औद्योगिकीकरण और शहरी जीवन के दुष्परिणाम स्पष्ट नजर आ रहे हैं।

ग्रामीण विकास के संदर्भ में वैश्विक नीति–निर्माताओं की एकाधिकार वाली सोच ग्रामीण क्षेत्रों में रह रहे लोगों के जीवन की गुणवत्ता के सही विकास से लेकर कृषि व सहायक उद्योगों को बढ़ावा देकर रूपांतरित हो गई। ग्रामीण जीवन में शहरी लाभ लेने से बेहतर

घर, बेहतर आवागमन, रोजगार के अवसरों के साथ और प्रत्यक्ष और सामाजिक आधारभूत ढाँचों का सहयोग देते हुए ग्रामीण क्षेत्रों में एकीकृत विकास को बढ़ावा देगा और उसके साथ-साथ शहरी क्षेत्रों में पहुँचने में लगने वाले समय में भी कमी आएगी। इस तरह देश में सीमित शहरी आधारभूत ढाँचों पर बोझ भी कम हो जाएगा।

भारत की सारगर्भिता उसके गाँवों से है। शहरीकरण के द्वारा भारत के वास्तविक स्वरूप को ओझल नहीं कर देना चाहिए।

श्री नरेंद्र मोदी का समाधान क्या है?

श्री मोदी ने इस बात पर जोर दिया है कि जरूरी नहीं है कि औद्योगिकीकरण के लिए, शहरी जीवन के लिए अपनी गाँव की संस्कृति को छोड़ना पड़े। उन्होंने गाँव की आत्मा को विकसित शहरों में पाई जाने वाली आधुनिक सुविधाओं के साथ मिलाने का सुझाव दिया। गुजरात में राज्य को शहरी बनाने के प्रयास 'ग्रामीण शहरी' और 'ग्रामीण शहरी समूह' केंद्र के विकास की ओर केंद्रित हैं। उन्हें इस तरह वर्गीकृत किया गया है—

- **ग्रामीण शहरी केंद्र**— गाँव पंचायतों (उन्हें नगरपालिका नहीं कहा गया) के साथ सारे तालुका मुख्यालय या सारे गैर-शहरी तालुका मुख्यालय और 10,000 या अधिक की आबादी के साथ गाँव पंचायतें।
- **ग्रामीण-शहरी समूह**— ग्रामीण-शहरी केंद्रों के 15 किलोमीटर में प्रभावी सेज के अंतर्गत गाँवों का समूह, जिसमें 50,000 से अधिक की आबादी हो।

गुजरात में ग्रामीण शहरीकरण के दो मॉडल

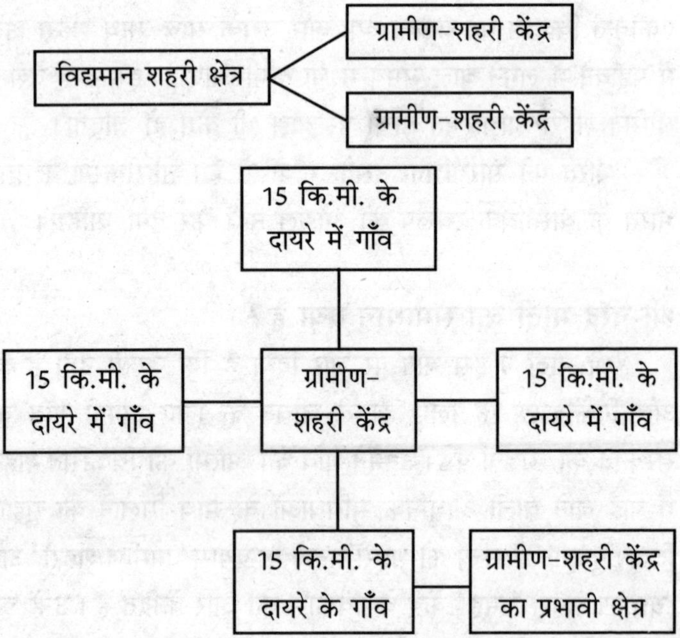

स्रोत : वाइब्रेंट गुजरात, अर्बनाइजेशन पर कांसेप्ट पेपर, 2013, जबकि ग्रामीण-शहरी केंद्र, जो विद्यमान शहरी क्षेत्रों के पास हैं, उनका विकास उन सुख-सुविधाओं के साथ किया गया, जो विद्यमान शहरी अवसरों का लाभ भारतीय उठा सकते हैं। आबाद गाँवों के फायदे के लिए उन शहरी क्षेत्रों से दूर क्षेत्रों का विकास शहरी सुख-सुविधाओं, जीविका और आर्थिक आधारभूत ढाँचे के साथ किया गया।

इस विचार को और कहाँ आजमाया गया?

गुजरात (भारत)

गुजरात में ग्रामीण शहरीकरण की एक दिलचस्प घटना है 'ज्योतिग्राम योजना', जो राज्य के ग्रामीण क्षेत्रों में चौबीस घंटे बिजली आपूर्ति सुनिश्चित करती है और इसकी शुरुआत 2003 में की गई थी।

स्टॉकहोम इंटरनेशनल वाटर इंस्टीट्यूट (एस.आई.डब्ल्यू.आई.) ने यह कहते हुए इस योजना की सराहना की कि ज्योतिग्राम योजना ने मूलत: गाँव के जीवन की गुणवत्ता में सुधार किया है, गैर-खेती आर्थिक उद्यमों को प्रोत्साहित किया है और कृषि में बिजली रियायत को आधा कर दिया है। इस कार्यशैली में घरेलू और औद्योगिक बिजली आपूर्ति श्रृंखला से कृषि के लिए बिजली आपूर्ति को पृथक् करना शामिल था। इसने कृषि के लिए इस्तेमाल होने वाली बिजली को पहुँचाने और उसका निरीक्षण करने के लिए एक पूरी तरह से नई समांतर संचारण प्रणाली को निर्मित किया, जिससे किसानों को बिजली आपूर्ति की कटौती बुद्धिमत्ता से की गई। उन्हें आठ घंटे तक समुचित बिजली आपूर्ति हुई और इस्तेमाल की गई बिजली के लिए ही किसानों से पैसा लिया गया। यह व्यवस्था सुनिश्चित बिजली आपूर्ति के लिए बनाई गई है, जो न केवल उचित और समय पर सिंचाई को सुनिश्चित करती है, वरन् महँगे सिंचाई उपकरणों को नुकसान होने से भी बचाती है।

जैसा कि गुजरात का अनुभव दरशाता है, जन्म प्रमाण-पत्र और भूमि के सही रिकॉर्ड सर्टिफिकेट, बिजली के बिल, पीडीएस आदि मूल सेवाओं का अंकीकरण ग्रामीण लोगों को शहरी लाभ देने में मदद कर सकता है। गाँव के लोगों को कंप्यूटर का ज्ञान रखने में सक्षम बनाना भी उन अवसरों की संभावनाएँ खोल सकता है, जो अब तक ही केवल शहरों तक ही सीमित थे।

प्रजातांत्रिक कोरिया में सूचना नेटवर्क वाले गाँव

दक्षिण कोरिया ने बहुत सक्रियता से 'इंफॉर्मेशन नेटवर्क विलेजिज' (आई. एन.वी.आई.एल.) के माध्यम से ग्रामीण क्षेत्रों में सूचना प्राप्ति को बढ़ाने पर काम किया, जिससे इंटरनेट का प्रयोग करने वाले लोगों

की और उन्होंने वहाँ कितना समय व्यतीत किया की संख्याओं में तीव्र वृद्धि हुई। 2007 में किए गए एक अध्ययन से यह बात सामने आई कि ग्रामीण कोरिया के 44 प्रतिशत की तुलना में आईएनवीआईएल में पीसी स्वामित्व 66 प्रतिशत था। उसी प्रकार आईएनवीआईएल क्षेत्रों में आबादी के 64.5 प्रतिशत ने अन्य ग्रामीण क्षेत्रों के 29.4 प्रतिशत की तुलना में इंटरनेट का उपयोग किया था। ऐसी जागरूकता उन ग्रामीण क्षेत्रों में उपलब्ध कराए गए निजी कंप्यूटरों की वजह से आई थी, जहाँ लोग आईएनवीआईएल नेटवर्क के अंतर्गत आते थे।

इन आईएनवीआईएल नेटवर्कों को निर्मित करने के लिए स्थानीय सरकारों ने सक्रियता से पूँजी के माध्यम से योगदान दिया। लोगों की हिस्सेदारी ही इस कार्यक्रम की सफलता की कुंजी थी। इस कार्यक्रम के द्वारा मूलभूत कंप्यूटर सेवाओं के इस्तेमाल पर हजारों ग्रामीण लोगों को प्रशिक्षण प्राप्त हुआ। वे स्थानीय उत्पादों की कीमतों की जानकारी उसके द्वारा हासिल कर सकते हैं, खेती व अन्य स्थानीय गतिविधियों पर जानकारी का आदान-प्रदान करते हैं, ऑनलाइन शिक्षा का उपयोग करते हैं और सामुदायिक जोश को सुदृढ़ करते हुए गाँव के एलॉग्ल और होमपेजेस को बनाते हैं। निजी फर्मों द्वारा सैद्धांतिक रूप से मजबूत तकनीकी आधारभूत ढाँचे के मिश्रण के साथ देश विश्व में आईसीटी (इंफॉर्मेशन कम्यूनिकेशन टेक्नोलॉजी) वाले अग्रणी देशों में से एक बन गया है।

❑

यूरोपीयन यूनियन के नेताओं को यह विश्वास था कि सीमा-पार पर्यटन को बढ़ावा देना महाद्वीप की एकता के लिए प्रभावी कदम होगा, जो अधिकांश समय बँटा रहा है।

अध्याय : 7

पर्यटन संगठित करता है, आतंकवाद बाँटता है

इसका क्या अर्थ है?

आतंकवाद बल व हिंसा के द्वारा राजनैतिक लक्ष्य की प्राप्ति करने का एक तरीका है। इसके प्रतिरोधी और प्राणघातक स्वरूप का प्रयोग व इस्तेमाल समाज को अत्यधिक बाँट देता है। आतंकवाद की जड़ें अकसर सामाजिक और आर्थिक कारणों में होती हैं। अधिकांश लोग इच्छा से नहीं, वरन् बाध्यता से आतंकवाद की ओर उन्मुख होते हैं। दूसरी ओर, पर्यटन उद्योग न सिर्फ समाज को समृद्धि की ओर ले जाता है, बल्कि रोजगार के विभिन्न अवसरों के रूप में वह समाजों को आपस में जोड़नेवाली ताकत भी है, क्योंकि यह दुनिया भर में लोगों से बातचीत और आदान-प्रदान का एक माध्यम भी है। भारत की पर्यटन से जुड़ी संभावना को देखते हुए सरकार को विश्वस्तरीय पर्यटन सुविधा का विकास करने का हर संभव प्रयास करना चाहिए।

भारत के लिए इसकी जरूरत क्यों है?

सन् 2012 के वैश्विक आतंकवाद सूचकांक (ग्लोबल टेररिज्म

इंडेक्स) ने भारत को आतंकवाद से प्रभावित पाँच देशों में से एक देश माना है। भारत उन कुछ देशों के अवांछनीय समूह में से एक है, जो देश के आंतरिक और बाहरी आतंकवाद, दोनों से घिरा हुआ है। आतंकवाद का समाज, अर्थव्यवस्था और राष्ट्रीय मन:स्थिति पर बुरा प्रभाव पड़ता है। आतंक की बार-बार होने वाली घटनाएँ जीवन को अनिश्चित बना देती हैं। औरतों व बच्चों को बड़े खतरे में डाल देती हैं और आर्थिक गतिविधि को बाधित करती हैं। देश के अनेक भागों में, आतंकवाद की परिभाषा और व्याख्या को लेकर लोगों में मतभेद रहते हैं। अभी भी देश में ऐसे क्षेत्र हैं, जहाँ कुछ लोग आतंकवादियों को परोपकारी और उद्धारकों के रूप में देखते हैं, जबकि दूसरे उन्हें नृशंस अपराधियों के रूप में देखते हैं। यह विभाजन देश की एकता और अखंडता के लिए हानिकारक है।

आतंकवाद एक बहुत ही जटिल तथ्य है और उसके प्रभाव को कम करने का कोई भी एक फॉर्मूला नहीं है। अधिकांश मामलों में आतंकवाद सामाजिक समस्या का सबसे उग्र प्रकटीकरण है। इसके प्रत्यक्ष प्रभावों को बेशक आतंकवाद विरोधी नीतियाँ और नीतिपरक तकनीकें कम कर सकती हैं, फिर भी समस्या को जड़ से निपटाने के लिए सरकार को इन पारंपरिक नीतियों से परे जाकर कुछ अलग सोचना होगा। भारत में आतंकवाद का सामना करने की नीति के रूप में देखा जाए तो यह नियोजित और निवारक होने के बजाय तदर्थ और प्रतिक्रियाशील अधिक है। पूर्व में अन्याय, उग्र स्वभाव, जानकारी की कमी, और आर्थिक अवसरों में असमानता अकसर आतंकवाद के प्रमुख कारण हैं।

दूसरी ओर, भारत के पास असीमित पर्यटन संभावना है। आकाश को छूते हिमालय से लेकर सुनहरे मरुस्थलों तक, नीलाभ तटों से लेकर हरे-भरे जंगलों तक और प्राचीन मंदिरों से लेकर सुंदर बारीक नक्काशी

वाले महलों तक, भारत पर्यटकों के लिए एक पसंदीदा स्थल है। भारत की विविधता, विभिन्नता और अनेकत्व का दुनिया में कोई मुकाबला नहीं।

पर भारत का वर्तमान पर्यटन उद्योग उम्मीद से काफी कम है। हालाँकि भारत की सीमा छह देशों के साथ लगी हुई है, फिर भी वह दक्षिण भारतीय क्षेत्र के अंतर्गत पर्यटन की संभावना का समन्वय करने में अक्षम रहा है। थाईलैंड जैसे कहीं अधिक छोटे देश में भारत की तुलना में पाँच गुना ज्यादा विदेशी पर्यटक आते हैं। वैश्विक पर्यटन उद्योग अनुमानत: 3 खरब अमेरिकी डॉलर से भी अधिक है और भारत का इसमें हिस्सा 0.5 प्रतिशत से भी कम है। विश्व के पर्यटक भारत में छुट्टियाँ मनाने का कार्यक्रम बनाने से बचने के लिए सुरक्षा और खराब आधारभूत ढाँचे को इसका मुख्य कारण मानते हैं।

पर्यटन का देश के समाज और अर्थव्यवस्था पर एक परिवर्तनकारी प्रभाव पड़ता है। यह उन अनेक देशों में आजीविका का मुख्य स्रोत बन गया है, जहाँ भारत की तरह उतने पर्यटन के विकल्प नहीं हैं। भारत के ऐसे अनेक क्षेत्र हैं, जहाँ स्वाभाविक रूप से प्रचुर मात्रा में पर्यटन की संभावनाएँ हैं, पर वे दंगे-फसादों के कारण अवरुद्ध हो जाती हैं। भारत के उत्तरी-पूर्वी, छत्तीसगढ़ और कश्मीर इसके जीते-जागते उदाहरण हैं।

प्रकृति ने हमारे देश को असीम क्षमताओं से संपन्न किया है। अब समय आ गया है कि हम मानव द्वारा पैदा किए गए उपद्रवों का अंत कर ईश्वर के इन उपहारों का अधिकाधिक उपयोग करें।

श्री नरेंद्र मोदी का समाधान क्या है?

नरेंद्र मोदी ने यह सुझाव दिया है कि सरकार को पर्यटन को बढ़ावा देने के लिए विशेष नीतियों को अपनाना चाहिए, क्योंकि इससे स्थानीय व राष्ट्रीय, दोनों अर्थव्यवस्थाओं को बहुत बढ़ावा मिलेगा। एक विकसित

पर्यटन बड़ी संख्या में नौकरियाँ उत्पन्न करता है और देश को मूल्यवान विदेशी मुद्रा उपलब्ध कराता है। इसके विविधतापूर्व आकार को देखते हुए पर्यटन का नेटवर्क पर व्यापक असर पड़ता है और वह होटल, रेस्टोरेंट, स्मृति-चिह्न की दुकानें, टैक्सी कंपनियों, टूरिस्ट गाइड आदि जैसी अनगिनत नौकरियों की संभावनाओं को पैदा करता है। श्री मोदी मानते हैं कि ऐसे देशों में, जिनके पास विविध प्राकृतिक संपदाएँ हैं, पर्यटन को बढ़ावा देने के लिए सरकार का हस्तक्षेप करना अनिवार्य है। उनका मानना है कि पर्यटन देश को सशक्त रूप में एकीकृत करने वाला माध्यम भी बन सकता है, क्योंकि वह अपनी संस्कृति और मूल्यों को दुनिया भर में पहुँचाने में मदद करता है। इसी के साथ-साथ, स्थानीय निवासियों को उन देशों में जाए बिना विभिन्न देशों के लोगों से मिलने का मौका मिलता है। इससे लोगों को अपनी सोच का विस्तार करने का अवसर मिलता है। उन्होंने यह भी सुझाव दिया कि पर्यटन के माध्यम से अनेक सामाजिक बुराइयों और मतभेदों को भी कम किया जा सकता है। इसका एक अच्छा उदाहरण है कश्मीर। अगर स्विट्जरलैंड की बजाय अधिक-से-अधिक लोग कश्मीर जाएँ तो इससे आतंकवाद का प्रभाव क्षीण होने में मदद मिलेगी।

इस विचार को और कहाँ आजमाया गया?

गुजरात (भारत)

कुछ वर्षों पहले तक कच्छ एक पर्यटन स्थल की तरह लोकप्रिय नहीं था। भारत का सबसे विशाल नमक का रेगिस्तान भारत-पाकिस्तान अंतरराष्ट्रीय सीमा के बीच तस्करी के मार्ग के रूप में प्रसिद्ध था। 2001 में गुजरात में आए भूकंप के दौरान कच्छ प्रदेश पूरी तरह से मिट्टी में मिल गया था। 2006 से कच्छ की वैश्विक छवि में उस समय आश्चर्यजनक परिवर्तन आया, जब गुजरात सरकार ने 38 दिन के 'रन उत्सव' (डेजर्ट फेस्टीवल) की शुरुआत की। रन उत्सव एक

सांस्कृतिक मेला के रूप में आयोजित होता है, जिसमें पर्यटक कच्छ की नैसर्गिक सुंदरता और विविधता से परिचित होते हैं। आज हजारों सैलानी कच्छ जाते हैं, जिसकी वजह से अंतत: इस प्रदेश को भारत के पर्यटन नक्शे पर एक मजबूत आधार मिल गया है।

यूरोपीय संघ शेंगेन समझौते की सफलता

पिछली सदी की एक लंबी अवधि में अधिकांश यूरोपीय देश एक-दूसरे के साथ झगड़े या युद्ध में व्यस्त रहे। यूरोपीय राष्ट्रों के बीच प्रतिद्वंद्विता प्रथम व द्वितीय विश्वयुद्ध के मुख्य कारणों में से एक थी। द्वितीय विश्व युद्ध के विध्वंस को देखते हुए यूरोपीय देशों ने अपने मतभेदों को भुलाकर एक 'यूरोपीय संघ' स्थापित करने का निश्चय किया, जिसका मुख्य उद्देश्य था–लोग वहाँ आसानी से आ-जा सकें। यूरोपीय संघ के नेता मानते थे कि सीमा पर के पर्यटन को बढ़ावा देना, ऐसे महाद्वीप को संगठित करने का एक प्रभावी तरीका बन गया, जो इतिहास में लंबे समय तक विभाजित रहा था।

सन् 1995 में पाँच यूरोपीय देशों ने शेंगेन समझौते पर हस्ताक्षर किए, जिसने पर्यटकों को इन पाँच देशों के अंदर उस स्थिति में बिना संधि-रेखा के यात्रा करने की अनुमति दे दी, अगर उनके पास इनमें से किसी एक का भी वैध वीजा हो। शेंगेन समझौते ने यूरोप के पर्यटन उद्योग में क्रांतिकारी परिवर्तन ला दिए थे, क्योंकि पर्यटकों के लिए इन देशों के चारों ओर यात्रा करना आसान हो गया था। सच तो यह है कि आज 26 यूरोपीय देश शेंगेन समझौते का हिस्सा हैं और यह बात उस विचार की सफलता का प्रमाण है कि 'आतंकवाद बाँटता है और पर्यटन आपस में जोड़ता है।'

❑

जब तक भारत का कृषि उत्पादन दोगुना नहीं हो जाता, तब तक हम गरीबी समाप्त नहीं कर पाएँगे।

अध्याय : 8

प्रति बूँद अधिक फसल

इसका क्या अर्थ है?

'प्रति बूँद अधिक फसल' सीमित प्राकृतिक संसाधनों के साथ उच्चतम कृषि उत्पादकता हासिल करने की अवधारणा है। प्रति एकड़ उत्पन्न फसल कृषि उत्पादकता का अच्छा संकेत है। पर्यावरणीय संसाधनों के साथ, जैसे कि पानी व मिट्टी की उर्वरता, दबाव में होने के कारण, कम-से-कम लागत और कृषि निवेशों के कुशल उपयोग के द्वारा उत्पादकता को बढ़ाने की वास्तव में सख्त जरूरत है।

भारत के लिए इसकी क्या जरूरत है?

चिरकाल से भारत एक कृषि प्रधान राष्ट्र रहा है। ऋग्वेद में खेती को स्वयं-संपोषण का एक महत्त्वपूर्ण साधन माना गया है और यह कहा गया है कि मानव को प्राकृतिक संसाधनों का इस्तेमाल विवेकपूर्ण तरीके से करना चाहिए। सिंधु घाटी सभ्यता, जो लगभग 2600 ईसा पूर्व के आसपास फली-फूली थी, में जुताई तकनी!कों और फसलों की सिंचाई के लिए नहरों सहित खेती करने के परिष्कृत व विकसित साधन उपलब्ध थे।

गुप्त साम्राज्य से मिले दस्तावेज दरशाते हैं कि तब लोग बारिश के नियमों, मिट्टी की किस्मों और सिंचाई की विभिन्न तकनीकों से अवगत थे। कृषि में इस आरंभिक प्रगति को देखते हुए आज वस्तुतः यह शर्म की बात है कि भारतीय खेती उत्पादकता की दृष्टि से बहुत पीछे है। एक तरफ जहाँ भारत अनाज का विश्व में सबसे बड़ा उत्पादक बन गया है, उसकी खेती मुख्यतया वर्षा पर निर्भर है, जिसका अर्थ है कि किसानों पर जलवायु में होने वाले उतार-चढ़ावों का प्रत्यक्ष प्रभाव पड़ता है।

सन् 1970 की हरित क्रांति भारत में प्रमुख कृषि हस्तक्षेप था, जिसमें बीजों की गुणवत्ता और बेहतर सिंचाई सुविधाओं के कारण कुछ फसलों में अत्यधिक उत्पादन हुआ। 2012 और 2013 के बीच कृषि उत्पादन 1.9 प्रतिशत की बहुत ही कम दर पर हुआ। हालाँकि लगभग 60 प्रतिशत आबादी कृषि पर निर्भर है, फिर भी राष्ट्रीय अर्थव्यवस्था पर इसका योगदान पिछले दस सालों से लगातार गिर रहा है और 2013 का सकल घरेलू उत्पादन मात्र 15 प्रतिशत था।

कृषि उत्पादकता में जो एक बड़ी बाधा रोक रही है, वह है कृषि क्षेत्र में सरकार द्वारा बहुत ही कम निवेश। एक तरफ जहाँ आँकड़े कृषि पर सरकार को अधिक खर्च करते हुए दिखाते हैं। एक विश्लेषण से पता चलता है कि इस तरह के अधिकांश खर्च उत्पादक निवेश के बजाय कृषि की आर्थिक सहायता के रूप में हैं। आर्थिक सहायता आमतौर पर फायदेमंद नहीं होती, क्योंकि केवल बड़े किसान ही उसका लाभ उठा पाते हैं।

जैसे कि 2006 में सरकार ने खराब वर्षा के कारण विस्तृत पैमाने पर फसल के खराब होने से किसानों को ऋण में छूट देने की घोषणा की। यद्यपि अनगिनत छोटे व औसत किसानों के बजाय इस छूट का सबसे ज्यादा फायदा बड़े किसानों को हुआ, जो बैंकों का ज्यादा

आसानी से लाभ उठा सकते थे।

यही नहीं, भारतीय कृषि पुरातन खेती के चलन और अनुपयुक्त सरकारी सहयोग, खराब आधारभूत ढाँचे के कारण संकट में है। अपर्याप्त सुविधाएँ एक कृत्रिम असंतुलन निर्मित करती हैं—या तो खेती में पानी की अत्यधिक बरबादी होती है या ऐसे किसान हैं, जिनकी पानी न मिलने के कारण फसलें नष्ट हो जाती हैं। बड़े-बड़े बाँध बनाने की सरकार की परियोजनाएँ इसमें मददगार नहीं हो रही हैं, क्योंकि इस परियोजनाओं से केवल आसपास के किसानों को ही फायदा पहुँचता है। एक त्रुटिपूर्ण आर्थिक सहायता नीति के कारण हमारे किसान रासायनिक खाद इस्तेमाल करते हैं, जिसका मिट्टी की उर्वरता पर बुरा असर पड़ता है। हर प्रकार के मौसम को झेलने वाली ग्रामों की सड़कों, बिजली व भंडारण की सुविधा की कमी के कारण किसानों के उत्पाद की बड़ी मात्रा नष्ट हो जाती है।

अगर भारत अपने खाद्य वितरण को सुरक्षित रखना चाहता है तो अगले दस वर्षों में वार्षिक खाद्यान्न को दुगुना करने की जरूरत है। यह देखते हुए कि कृषि के लिए उपलब्ध संसाधन सीमित हैं, उच्चतम कृषि उत्पादकता को प्राप्त करने का मार्ग है कृषि योग्य भूमि, निवेश और पानी की प्रति बूँद से ज्यादा से ज्यादा उपज प्राप्त की जाए।

नरेंद्र मोदी का समाधान क्या है?

नरेंद्र मोदी मानते हैं कि भारत अपनी समृद्ध उर्वर भूमि, विविध कृषि जलवायु क्षेत्रों और एक विशाल कार्य बल उपयुक्त नीतियों के साथ स्वयं को कृषि महाशक्ति में तब्दील कर सकता है तथा करोड़ों लोगों को गरीबी से बाहर निकाल सकता है। उन्होंने बार-बार यही कहा है कि जब तक भारत की कृषि को उसकी प्राचीन गरिमा में पुनः प्रतिष्ठित नहीं किया जाएगा, तब तक हम गरीबी का उन्मूलन नहीं कर

पाएँगे। श्री मोदी का मानना है कि कृषि अनुसंधान में सरकार को निवेश में वृद्धि करनी चाहिए और उत्पादकता एवं पैदावार को बढ़ाने की दिशा में नीतियाँ बनाने में विशेष ध्यान देना चाहिए।

श्री मोदी ने यह भी कहा कि सरकार की लघु सिंचाई तकनीकों, जैसे 'परिष्कृत खेती' को बढ़ावा देना चाहिए, जिससे ज्यादा-से-ज्यादा क्षेत्रों में सिंचाई हो सके। खेती की आय संबंधी नीतियों में परिवर्तन हो, जो न्यूनतम निवेश के साथ अधिकतम पैदावर को बढ़ावा देने में मदद कर सकें। श्री मोदी के अनुसार, देखा जाए तो खेती के द्वारा किसान की एक-तिहाई आय होनी चाहिए, एक-तिहाई पशुधन से और एक तिहाई कृषि-वन उपज से।

इस विचार को भारत में और कहाँ आजमाया गया है?

गुजरात (भारत)

गुजरात में दुनिया का सबसे विशालतम नमक रेगिस्तान है और लगभग 70 प्रतिशत राज्य सूखा या अर्ध-सूखा ग्रस्त है। 1990 के दशक में कृषि में केवल 3.3 प्रतिशत वार्षिक वृद्धि हुई थी, लेकिन नरेंद्र मोदी के मुख्यमंत्री बनने के बाद यह दशकीय वृद्धि लगभग तीन गुना बढ़कर 11.2 प्रतिशत हो गई। आज भी गुजरात की कृषि-दर आश्चर्यजनक रूप से बढ़ रही है और यह राष्ट्रीय औसत से कहीं अधिक है। गुजरात सरकार ने राज्य में लघु-सिंचाई को व्यापक रूप से बढ़ावा दिया है, क्योंकि यह उत्पादकता और कीमत के हिसाब से कहीं ज्यादा प्रभावी है। लगभग एक लाख से ज्यादा चेक बाँध बनाए गए हैं और नरेंद्र मोदी के मार्गदर्शन में टपका सिंचाई के अंतर्गत आने वाले क्षेत्र में 50 गुना अधिक वृद्धि हुई। 'ज्योति ग्राम योजना' के तहत पूरे वर्ष समस्त गाँवों को उपयुक्त क्षमता की पर्याप्त बिजली उपलब्ध कराई गई। परिणामस्वरूप पिछले दशक में

गुजरात उन कुछ राज्यों में से एक है, जहाँ कृषि भूमि 42 प्रतिशत बढ़ी है और प्रदेश के किसानों की आय में सात गुना अधिक वृद्धि हुई है।

रेगिस्तान में खेती : इजरायल की कृषि-क्रांति

इजरायल को कृषि के लिए सबसे कठिन स्थितियों का सामना करना पड़ता है। उसकी लगभग आधी भूमि रेगिस्तानी है। वह नमक के पानी के तालाबों से घिरा हुआ है और देश में 200 मिलीमीटर से भी कम वार्षिक वर्षा होती है। फिर भी देश के पास जो उपलब्ध संसाधन है, उसका ही उपयोग करता है। 1950 में इजरायल का एक खेत 17 लोगों का पालन-पोषण कर सकता था, आज वह 90 से अधिक लोगों को भोजन दे सकता है। इजरायल ने इस असाधारण उत्पादकता को निम्न उपायों से हासिल किया है—

- **प्रभावी सिंचाई और जल-प्रबंधन :** इजरायल के पास सीमित जल भंडारण है, इसलिए वहाँ पानी को सोने से ज्यादा मूल्यवान माना जाता है और उसे बहुत ध्यानपूर्वक सँभाला जाता है। इजरायल अपने 75 प्रतिशत पानी का रीसाइकिल करता है। उसके पास उत्कृष्ट परिष्कृत पानी व्यवस्था है। वह कंप्यूटरों द्वारा नियंत्रण करके बहुत प्रभावी ढंग से टपकने वाली सिंचाई की तकनीक का इस्तेमाल करता है।
- **तकनीकी प्रयोग :** इजरायल ने स्वयं के लिए अपने सर्वोत्तम तकनीकी ज्ञान के कारण प्राकृतिक तुलनात्मक लाभ के बजाय एक 'प्रेरण' को निर्मित किया है। लगभग कुल कृषि का 3 प्रतिशत निर्गम वापस अनुसंधान में लगाया जाता है।
- **अनुसंधान समन्वय :** इजरायली सरकार ने अनुसंधानकर्ताओं और किसानों के बीच एक स्वस्थ संबंध स्थापित किया है।

सारे पणधारियों, जैसे सरकार, अनुसंधानकर्ता और किसान कृषि के अधिकाधिक उत्पादक तरीकों को विकसित व लागू करने के लिए योजनाबद्ध तरीके से काम करते हैं।

❑

जिस देश की सूत उत्पादन क्षमताओं से आकर्षित होकर विश्व भर के व्यापारी और राजा यहाँ आते थे. आज उसे कपड़ों की अपनी आवश्यकता की पूर्ति के लिए दूसरों का मुँह ताकना पड़ता है।

अध्याय : 9

खेत से रेशे तक, रेशे से फैक्टरी तक, फैक्टरी से फैशन तक, फैशन से विदेश तक (पाँच 'तक')

इसका क्या अर्थ है?

'पाँच तक' हमारे कपड़ा उद्योग को अधिक प्रतियोगी बनाने और अर्थव्यवस्था के तीन स्तंभों (कृषि, उद्योग और सेवाओं) को एक करके वैश्विक बाजार पर कब्जा करने के योग्य बनाने के लिए एक अवधारणा है। इस सिद्धांत की मूल कपड़ा उद्योग का एक एकीकृत दृष्टिकोण है, जहाँ विभिन्न लोग उन उत्पादों को बनाने के लिए एक जगह मिलते हैं, जो गुणवत्ता में उच्चतम हों, जिनकी कीमत कम हो और जो वैश्विक बाजारों के लिए अधिक उपयोगी हों तथा बदलते चलन के साथ तालमेल बिठा सकें। इस सिद्धांत से किसानों और उद्योग की निरंतर कायम रहने वाली बढ़ोतरी संभव हो सकती है और इसे अन्य उद्योगों व क्षेत्रों में भी फैलाया जा सकता है।

भारत के लिए यह क्यों जरूरी है?

ऐतिहासिक पुरालेख दरशाते हैं कि भारतीय 6,000 वर्षों से सूत

कातने की कला के बारे में जानते हैं। प्रसिद्ध चीनी यात्री ह्वेनसांग, जो 7वीं सदी में भारत आया था, ने उन आश्चर्यजनक परिधानों की प्रशंसा की थी, जो भारतीय लोग पहनते थे। उसने यह भी गौर किया कि भारत की आर्थिक संपन्नता उसके कपड़ों, रत्नों, स्वर्ण, मसालों व हस्तशिल्प के निर्यात के कारण थी। अंग्रेजों ने सुनियोजित तरीके से भारत की अर्थव्यवस्था को नष्ट कर दिया, क्योंकि उपनिवेशन के दौरान वे कपास को इंग्लैंड ले गए, जहाँ उसके वस्त्र बनाए जा सकें और फिर भारतीयों को बाध्य किया कि उन कपड़ों को महँगे दामों पर खरीदें। इस प्रकार, स्वतंत्रता के संघर्ष के दौरान चरखा भारत में उत्पन्न कपास को स्वदेश में बने वस्त्रों में परिवर्तित करने में गांधीजी के सिद्धांत का प्रतीक बन गया।

उच्च गुणवत्ता वाली वस्तुओं एवं सेवाओं को बनाना और उन्हें दुनिया को निर्यात करना किसी देश की आर्थिक समृद्धि को निधारित करती हैं। संयुक्त राज्य, जर्मनी और जापान जैसे पारंपरिक देश अपनी विश्वस्तरीय वस्तुओं और सेवाओं को निर्मित व निर्यात करने की क्षमता के कारण ही आर्थिक शक्ति रहे हैं।

दुनिया को चुनौती देने की क्षमताओं को विकसित करने के लिए निपुणता निर्मित करने व एक उपयुक्त नीति बनाने के लिए सरकार की मदद की जरूरत होती है। चीन इसका एक दिलचस्प उदाहरण है, जहाँ लेनोवो और छुआवाई जैसे विशालकाय उत्पादों का निर्माण करने के लिए सरकार ने हार्डवेयर उद्योग में बहुत सक्रियता से निपुणताओं और निर्माण क्षमताओं को बढ़ावा दिया। अपनी पारंपरिक शक्तिओं को वैश्विक मानकों में बदलने के लिए भारत को भी ऐसे ही कार्यक्रमों की जरूरत है।

भारत दुनिया में कपास पैदा करने वाला दूसरा सबसे बड़ा उत्पादक देश है। एक ओर जहाँ उद्योग में श्रम महँगा होने के कारण

विकसित देशों में वस्त्र उत्पादन गिरा है; दूसरी ओर एशिया और अफ्रीका में बढ़ती समृद्धि की वजह से दुनिया भर में बने हुए कपड़े की माँग बढ़ रही है। यह दुनिया भर में भारतीय कपड़ों को आगे बढ़ने का महत्त्वपूर्ण अवसर है। यद्यपि हमें चीन और बांग्लादेश जैसे अन्य कम कीमत वाले देशों से कड़ा मुकाबला करना पड़ता है, अतः इस दौड़ में जीतने के लिए हमें एक नीतिपरक दृष्टिकोण की जरूरत है।

वस्त्रोद्योग का विस्तार देश में व्याप्त कृषि जनित निराशा को भी कम करने में मदद करेगा। महाराष्ट्र, आंध्र प्रदेश और कर्नाटक कपास की कृषि करने वाले राज्य किसानों की आत्महत्या के मुख्य केंद्र हैं, अब तक के इतिहास में इन्हें आत्महत्या की सबसे बड़ी घटनाओं के रूप में दर्ज किया गया है।

अपनी उच्च गुणवत्ता वाली कपड़ा मिलों की वजह से मुंबई और कोयंबटूर को 'पूरब का मैनचेस्टर' कहा जाता था। पर आज इन कारखानों का मूल्य मात्र इनकी जमीन की कीमतें ही रह गया है। कपड़ा व्यापारियों को बांग्लादेश और वियतनाम जैसे देशों से कपड़ा खरीदना सस्ता लगता है। भारत का विशिष्ट वर्ग फ्रांसीसी या इटली के हथकरघा से बने कपड़े को खरीदना प्रतिष्ठा की बात लगती है, जबकि ये देश नाममात्र को ही कपास या रेशम का उत्पादन करते हैं।

यह बड़े शर्म की बात है कि ऐसा देश जिसकी कपास उत्पादक क्षमता ने दुनिया भर के व्यापारियों और सम्राटों का ध्यान आकर्षित किया था, आज वे अपने वस्त्र की जरूरतों को पूरा करने के लिए दूसरे देशों का रुख करते हैं।

नरेंद्र मोदी का समाधान क्या है ?

नरेंद्र मादी मानते हैं कि वस्त्रोद्योग किसी भी विकासशील देश के लिए सबसे महत्त्वपूर्ण क्षेत्र है। यह क्षेत्र कृषि से लेकर उद्योग,

तकनीकी से लेकर उपयोगी सेवाओं तक की गतिविधियों के एक विशाल समूह को शामिल करता है और इसलिए एक विशाल कार्यबल को निम्न निपुणता से लेकर उच्च निपुणता तक रोजगार के प्रचुर अवसर प्रदान करता है। ऐतिहासिक दृष्टि से यह सच है कि 18वीं और 19वीं सदी में ब्रिटेन, अमेरिका से शुरू करते हुए, सारे नए औद्योगिक राष्ट्रों (जापान, कोरिया, चीन) को वस्त्र निर्माण और निर्यातों में अचानक हुई बढ़ोतरी से अत्यंत फायदा हुआ था। श्री मोदी का मत है कि भारत अपने कम कीमत वाले और दक्ष मानवशक्ति की विस्तृत उपलब्धता के साथ दुनिया भर में वस्त्र की बढ़ती माँग को पूरा करने के लिए व इस अवसर का उपयोग करने के लिए पूरी तरह तैयार है।

श्री मोदी एक ऐसी स्थिर व लाभदायक नीति प्रणाली चाहते हैं, जो इस क्षेत्र में हमारे विकास का एक महत्त्वपूर्ण कारक साबित हो। अन्य उद्योगों के लिए ऐसा ही व्यापक नीतिगत ढाँचा तैयार कर सरकार देश भर में करोड़ों लोगों को नौकरियों का पक्का आश्वासन दे सकती है।

यह विचार और कहाँ आजमाया गया ?

गुजरात (भारत)

'नमो समाधान' गुजरात सरकार की 2013 की 'नई वस्त्र नीति' में दिखाई देता है। इस नीति के अंतर्गत जो मुख्य कदम उठाए गए हैं, वे निम्नलिखित हैं—

- **नई कताई मिलों की सहायता**—ब्याज में आर्थिक सहायता, बिजली की दरों में रियायत, मुद्रांक-शुल्क छूट और वैट की वापसी कुछ रियासतें हैं, जिनके वायदे कताई कारखानों में इस्तेमाल होने वाले नए संयंत्र और मशीनों के लिए किए गए थे। इससे नई निर्माण इकाइयों को लगाने में तो मदद मिलेगी

ही, साथ ही कपास के किसानों को अच्छी कीमत दिलाने में भी सहायक होगी और अपने उत्पाद के लिए घरेलू माँग पैदा कर उन्हें वैश्विक कीमत उतार-चढ़ाव से पृथक् रखने में भी मदद मिलेगी।

- **रेशा संसाधित गतिविधियों (बुनाई, रँगाई) को प्रोत्साहन देना**— सरकार ब्याज में आर्थिक सहायता, लेखा और पर्यावरण अनुपालन सहयोग आदि कई उपायों द्वारा संसाधित गतिविधियों को प्रोत्साहित कर खेत की कपास को रेशे में तब्दील करने की सुविधा प्रदान करती है।
- **वस्त्र निर्माण को सहयोग देना**— संपूर्ण कपड़ा उद्योग के लिए वस्त्र ही प्रेरक शक्ति है। ये अत्यंत श्रमसाध्य हैं और ग्रामीण महिलाओं को बहुत ज्यादा रोजगार दिलवा सकते हैं। ब्याज संबंधी आर्थिक सहायता, कच्चे माल पर वैट की वापसी और तैयार वस्त्रों पर कर की छूट, रेशे को फैशन में बदलने में सहायता करने जैसे कुछ उपाय हैं, विशेषकर ग्रामीण क्षेत्रों में वस्त्रों का निर्माण करने के लिए 'एपेरेल ट्रेनिंग इंस्टिट्यूट्स' स्थापित किए जाएँगे।
- **निर्यात संबंधी उपाय**— इस नीति का उद्देश्य 'फैशन से विदेश' स्थानीय निवासियों को निर्यात करने के लिए विशेष क्षेत्र निर्मित करने का है। अमदाबाद को पहले ही 'वस्त्र निर्यात में उत्कृष्ट' के शहर के रूप में चिह्नित किया जा चुका है। अन्य उपायों में तकनीकी दृष्टि से वस्त्र निर्माण तकनीक अधिग्रहण में सहायता और सुधार के लिए विशेष नीति शामिल हैं।

ताइवान में वस्त्र प्रोत्साहन नीति

1960 से 1980 तक ताइवान की आर्थिक वृद्धि को आर्थिक

चमत्कार कहा जाता है। इस अवधि के दौरान देश ने 9 प्रतिशत की औसत आर्थिक वृद्धि हासिल की और वस्त्र मुख्य उद्योगों में से एक था और साथ ही ताइवान की अर्थव्यवस्था के लिए वृद्धि-इंजन। 1960 और 1970 के बीच सूती कपड़े और धागे का उत्पादन 200 प्रतिशत से ज्यादा बढ़ गया।

सरकार ने इस परिवर्तन में कैसे सहायता की? आर्थिक मामलों के मंत्रालय ने अनगिनत प्रशासनिक उपाय आरंभ किए, ताकि वस्त्र फर्मों को मदद मिल सके, जैसे कि 'कपास बुनाई सुधार कार्यक्रम' (कॉटन वीविंग इंप्रूवमेंट प्रोग्राम, कताई करने वालों के लिए तकनीकी सहयोग) और निर्यात की जाने वाली वस्तुओं के लिए 'कर वापसी नियामक' (वस्त्र उत्पादों के निर्यात पर कर में रियायत)। सरकार ने परिधान व वस्त्र तकनीक में निपुणता प्राप्त करने के लिए 'ताइवान टेक्सटाइल रिसर्च इंस्टिट्यूट' का भी गठन किया। निर्माण तकनीक को उन्नत बनाने के लिए भी सहयोग दिया गया, जो वस्त्र कोटे (अमेरिका और यूरोप ने वस्त्रों के लिए निर्यात कोटा लगा दिया था, जिसके कारण चीन, भारत, बांग्लादेश जैसे कम विकसित देशों को फायदा हुआ था) के युग में बाजार की माँग को कायम रखने में महत्त्वपूर्ण साबित हुआ। बाद में बढ़ती हुई वैश्विक प्रतियोगिता और मजदूरों की बढ़ती कीमतों के कारण ताइवान की मुख्य योग्यता कृत्रिम तंतुओं और संबंधित बुनाई उत्पादों की ओर स्थानांतरित हो गई थी। ताइवान कृत्रिम तंतु उत्पादन में एक अग्रणी देश की तरह अंतरराष्ट्रीय स्तर पर प्रसिद्ध हो गया।

❑

विश्व में भारत की पहचान के लिए, भ्रष्टाचार-उन्मूलन के लिए तथा आदमी के सशक्तीकरण के लिए सूचना प्रौद्योगिकी एक प्रभारी माध्यम है।

अध्याय : 10

सपेरों से लेकर चूहों को सम्मोहित करनेवालों तक

इसका क्या अर्थ है?

सपेरों से लेकर चूहों को सम्मोहित करनेवालों तक सूचना तकनीकी क्रांति की रोशनी में भारत की क्षमता व वैश्विक छवि के प्रतिमान रूपांतरण का प्रतीक है। पश्चिम के देशों में भारत को हमेशा सपेरों, हाथियों, अमीर महाराजाओं और बहुत ही गरीब लोगों का पिछड़ा देश माना जाता रहा है। चूँकि भारत अपने तकनीकी कौशल के द्वारा वैश्विक अर्थव्यस्था के साथ अधिक एकीकृत होता है, तो इससे देश की छवि, समाज और अर्थव्यवस्था को भारी फायदा होगा।

भारत के लिए इसकी जरूरत क्यों है?

यद्यपि वर्तमान स्वरूप में सूचना तकनीक का आयात किया गया है, इसके बारे में भारतीय पूरी तरह से अनभिज्ञ नहीं थे। सूचना तकनीक से आशय है तार्किक बिंदुओं को निर्मित करना, डेटा पॉइंट्स और डेटाबेस को जोड़ना। भारतीय भाषा संस्कृत विश्व में सबसे तार्किक भाषाओं में से एक है। महान् भारतीय गणितज्ञ आर्यभट्ट को शून्य की

खोज करने का श्रेय प्राप्त है, जो द्विआधारी तर्क के लिए आधार है और आधुनिक कंप्यूटिंग भाषा की नींव है।

सूचना तकनीक (आई.टी.) क्रांति का भारतीय पृष्ठभूमि पर गहरा असर पड़ा है। नौकरियों व सार्वजनिक राजस्व का स्रोत होने के अलावा इस उद्योग ने बंगलुरु, गुड़गाँव और हैदराबाद जैसे शहरों के जीवन-स्तर और परिवेश में बदलाव कर दिया है। शहरी इलाकों में आई.टी. क्रांति ने वर्ग व लिंगभेद को कम करने में मदद की है। निम्न-आय वर्ग के लोगों को आई.टी. कंपनियों द्वारा दिए गए अत्यधिक उच्च वेतन से बहुत फायदा हुआ है, देश के एक हिस्से से दूसरे में जाने के कारण देश को संगठित करने में आई.टी. उद्योग ने एक महत्त्वपूर्ण भूमिका निभाई है। आज चेन्नई के अनेक सॉफ्टवेयर इंजीनियर गुड़गाँव में काम कर रहे हैं और हरियाणा के अनेक सॉफ्टवेयर इंजीनियर बंगलुरु में काम कर रहे हैं। आई.टी. के सुरक्षित माहौल ने महिला कर्मियों को बहुत राहत पहुँचाई है। चूँकि आई.टी. कंपनियाँ मुख्यता निर्यात करती हैं, यह उन अनगिनत विदेशियों के लिए आँख खोलने वाली बात हैं, भारत के बारे में जिनका विचार रूढ़िबद्ध धारणा पर ही आधारित था। हालाँकि आई.टी. के फायदों का अभी भी ठीक से इस्तेमाल नहीं हो पा रहा है। भारत के अधिकांश आई.टी. उत्पाद भारत में बेचे जाने के बजाय निर्यात किए जा रहे हैं। भारत में आई.टी. के लिए मदद स्तर को ऊपर उठाने और उच्चस्तरीय उत्पाद प्रस्तुत करने की अत्यधिक आवश्यकता है। इसके लिए भारत में सहयोग देने वाली अनुसंधान पारिस्थितिकी प्रणाली की कमी है। छोटे नगर व शहर अभी भी आई.टी. क्रांति से कटे हुए हैं। आई.टी. को अभी भी पारदर्शिता और कार्यकुशलता हासिल करने के लिए शासन व जन वितरण में अपनी जगह बनानी है। यहाँ तक कि आई.टी. के पेशेवरों और कंपनियों ने जो अंतरराष्ट्रीय सद्भावना अर्जित की है, वह अभी भी भारत के

कूटनीतिक प्रयासों से जुड़ी हुई नहीं है।

यह जरूरी है कि आई.टी. के फायदे हर व्यक्ति को मिलें, उनको भी, भले ही जिनकी आजीविका का एकमात्र साधन 'सपेरे का काम' है।

नरेंद्र मोदी का समाधान क्या है?

श्री नरेंद्र मोदी दृढ़ता से इस बात को मानते हैं कि आई.टी. का सकारात्मक प्रभाव समाज के हर वर्ग तक पहुँचना चाहिए। वे आई.टी. को भारत के वैश्विक स्तर को बढ़ाने, भ्रष्टाचार को कम करने और आम आदमी को सामर्थ्यवान बनाने के महत्त्वपूर्ण साधन के रूप में देखते हैं। श्री मोदी ने हमेशा इस बात पर जोर दिया है कि जैसे आई.टी. भारत के बारे में दुनिया की सोच को बदल रही है, वैसे ही उसका प्रयोग उसके गाँवों के भाग्य को बदलने के लिए किया जा सकता है। वे मानते हैं कि सरकार अपने विभाग में तकनीकी प्रगति को अनिवार्य करते हुए घरेलू आई.टी. उद्योग को उत्प्रेरित कर सकती है। ऐसा कदम सरकार को अधिक जिम्मेदार और पारदर्शी भी बनाएगा। श्री मोदी को लगता है कि अगर उपयुक्त नीतियाँ बनाई व लागू की जाएँ, तो भारत दुनिया का सॉफ्टवेयर और हार्डवेयर का केंद्र बन सकता है।

इस विचार को और कहाँ आजमाया गया है?

गुजरात (भारत)

गुजरात सरकार की 'इ-ग्राम विश्वग्राम' परियोजना एक राज्य की पहल थी, जिसने ग्रामीण गुजरात के परिवेश को बदलने के लिए सूचना तकनीक का इस्तेमाल किया। 2001 में गुजरात के एक जिले में यह मार्गदर्शी परियोजना आरंभ हुई, जो अब लगभग सभी जिलों में फैल गई है। परियोजना का लक्ष्य है राज्य में सब पंचायतों का अंकीकरण करना। इ-ग्राम केंद्र स्थानीय पंचायत दफ्तर में स्थित है। इस केंद्र में

एक कंप्यूटर और एक प्रिंटर है और इसे गाँव का कंप्यूटर उद्यमी (वीसीई) संचालित करता है, जो आमतौर पर गाँव का ही युवा होता है, जिसे तकनीक की थोड़ी-बहुत जानकारी होती है। यह केंद्र भूमि रिकॉर्डों के प्रिंट लेने, बिजली के बिलों का भुगतान, जाति प्रमाण-पत्र देने और सरकारी योजनाओं की सूचना देने जैसी सेवाएँ उपलब्ध कराता है। इन सेवाओं का लाभ उठाने के लिए उपभोक्ता से फीस के रूप में एक निश्चित रकम वसूल की जाती है, वह भी केवल सरकारी योजनाओं पर जानकारी देने के लिए। यह उपभोक्ता फीस पंचायत व वीसीई के बीच बाँट दी जाती है। इ-ग्राम परियोजना को अगले स्तर पर ले जाने के लिए गुजरात सरकार बैंकिंग से वंचित प्रत्येक दूरस्थ गाँव में बैंक की सुविधाएँ फैलाने के लिए वीसीई और उनके इंटरनेट के ज्ञान को बढ़ाने की योजना बना रही है।

अमेरिका में क्लिंटन का प्रशासन

1993 से 2001 के बीच आठ वर्ष के कार्यकाल के दौरान राष्ट्रपति क्लिंटन को अमेरिका के लोगों के लिए सूचना-तकनीक का इस्तेमाल करने का श्रेय जाता है। 1996 में उन्होंने कार्यकारी आदेश (एक्जीक्यूटिव ऑर्डर) 13011 प्राधिकृत किया था, जिसमें केंद्रीय सरकार की एजेंसियों से कहा गया था कि वे पारदर्शिता को बढ़ावा देने के लिए पूरी तरह से आई.टी. का इस्तेमाल करें। सूचना-तकनीक को बढ़ावा देने की नीचे से ऊपर जाने (व्यापारियों की ओर से) के साथ एक ऊपर से नीचे की ओर विचार (सरकार की ओर से) का अमेरिकावासियों व वैश्विक अर्थव्यवस्था पर बहुत गहरा असर पड़ा था। चूँकि वहाँ के व्यापार और सरकार को अधिक आई.टी. उत्पादों की जरूरत है, अतः भारत जैसे कम लागत वाले देश इस आई.टी. क्रांति को आरंभ होते देख रहे हैं।

प्रजातांत्रिक आयरलैंड में तकनीकी क्रांति

बीसवीं सदी तक समृद्ध पश्चिमी यूरोप में आयरलैंड एक विरला ही गरीबी का अपवाद था। वहाँ मुख्यतया कृषि आधारित अर्थव्यवस्था थी और अनगिनत शिक्षित आयरलैंड वासियों ने नौकरी की बेहतर संभावनाओं के लिए अमेरिका, ब्रिटेन और ऑस्ट्रेलिया में बस जाने का निर्णय लिया। वैश्विक दृष्टि से आयरलैंड के लोगों की छवि निर्माण मजदूरों की है, जो अपनी आर्थिक विपन्नता के कारण किसी भी तरह का कठिन से कठिन काम करने के लिए तैयार रहते थे। आयरलैंड के मजदूर अमेरिका में डायनामाइट लगाने का जोखिम भरा काम करते थे। इंग्लैंड में रेलमार्ग बनाते थे और ऑस्ट्रेलिया के कैफे आदि में काम करते थे।

पर 1990 के दशक में आयरलैंड ने एक अद्‌भुत तकनीक क्रांति का अनुभव किया। निम्न कर, निपुणता विकास पर जोर, अच्छा आधारभूत ढाँचा और सरल निर्यात नियामकों जैसी प्रगतिशील नीतियों ने आयरलैंड को एक तकनीकी शक्ति में तब्दील कर दिया। आज अनेक वैश्विक तकनीकी कंपनियों के मुख्यालय और अनुसंधान केंद्र आयरलैंड में हैं और वहाँ के इंजीनियर दुनिया में किसी से कम नहीं हैं। ऐसा देश, जिसमें ज्ञान की बरबादी का विकट संकट था, आज आप्रवासियों के लिए एक कमाऊ देश बन गया है। हजारों भारतीय, पाकिस्तानी और बांग्लादेशी आज काम की बेहतर संभावनाओं के लिए आयरलैंड जाते हैं। इन उपलब्धियों की वजह से ही आयरलैंड को 'सेल्टिक टाइगर' कहा जाता है।

❑

शिक्षा एवं रोजगार का आपस में समन्वय होना जरूरी है। आज की व्यावसायिक आवश्यकता के अनुरूप नवीनतम विश्वविद्यालयीय शिक्षा अधिक लोगों को उपलब्ध होनी चाहिए।

अध्याय : 11

यूनिवर्सिटी को कैंपस के बाहर ले जाओ

इसका क्या अर्थ है?

भारत में ज्ञान के यूनिवर्सिटी-केंद्रित मॉडल तेजी से अपनी बाहरी सीमाओं तक पहुँच रहे हैं। स्वतंत्रता-प्राप्ति के बाद से भारत ने अपनी नीति को अधिक कॉलेज और विश्वविद्यालय स्थापित करने की कीमत पर उच्च शिक्षा के सीमित संख्या वाले संस्थानों पर केंद्रित कर दिया था। परिणामत: केवल 7 प्रतिशत आबादी ही उच्च शिक्षा प्राप्त कर पाती थी। इसलिए विश्वविद्यालयों को कैंपस से बाहर जनता तक लाना जरूरी है। अगर शेष भारत कार्यात्मक अशिक्षा के अँधेरे में रहेगा तो विश्वविद्यालय ज्ञान के नन्हे द्वीप बने नहीं रह सकते हैं।

भारत के लिए इसकी जरूरत क्यों है ?

प्राचीन भारतीय शिक्षा व्यवस्था विविध क्षेत्रों में होलिस्टिक ट्रेनिंग देने में विश्वास करती थी। भारतीय समाज में उच्च शिक्षा की ऐसी महत्ता थी, जिसे हमारे ग्रंथों में 'शिक्षित होने को एक दूसरा जन्म होना' बताया गया है।

दुर्भाग्यवश आधुनिक भारत में उच्च शिक्षा विशिष्ट वर्ग के अधिकार में रही है। स्वतंत्रता-प्राप्ति के बाद से केवल कुछ खास लोग

ही विश्वविद्यालय शिक्षा तक पहुँच पाते हैं। यही नहीं, आई.आई.टी. और आई.आई.एम. के आगमन के बाद से, इन संस्थानों में प्रवेश की प्रतियोगिता सामने आई है, जिसकी वजह से अनेक विदेशी व्यक्ति भी विश्वविद्यालयों में प्रवेश लेते हैं, जबकि भारतीय आबादी का विस्तृत भाग माध्यमिक शिक्षा के बाद ही पढ़ने से रुक जाता है। वस्तुत: उच्च शिक्षा विश्व में भारत की सबसे कम नामांकन दर थी। उच्च शिक्षा में सार्वजनिक निवेश हमेशा प्राथमिकता का विषय रहा है। यही नहीं, उच्च शिक्षा के निजी संस्थानों के लिए नियामक परिवेश सहज नहीं है, जिसकी वजह से निवेश बहुत कम होता है। वर्तमान में उच्च शिक्षा में निजी क्षेत्रों में मात्र 59 प्रतिशत नामांकन होता है।

कहा जाता है कि भारत के पास सहायक जनसांख्यिकी लाभांश है, नौकरी के अवसरों की कमी, शिक्षा व निपुणता की कमी आदि विकास तक पहुँचने के ध्येय को यह जनसांख्यिकी अभिशाप में बदल सकती है। इसलिए यह जरूरी है कि भारत अपने विशाल मानव संसाधन क्षमता का लाभ उठाए और उसे राष्ट्र के आर्थिक विकास की ओर उत्प्रेरित करे।

अगर भारत उच्च उत्पादक अर्थव्यवस्था बनना चाहता है तो उसे अपनी उच्च शिक्षा के स्तर को ऊँचा उठाने की महती आवश्यकता है।

श्री नरेंद्र मोदी का समाधान क्या है ?

नरेंद्र मोदी लगातार उच्च शिक्षा के लोकतंत्रीकरण और विस्तार की बात करते रहे हैं। वे मानते हैं कि नए युग के विश्वविद्यालयों को अपनी भौगोलिक बाधाओं को तोड़कर आगे बढ़ना होगा और ज्यादा आसान तरीके से जनता तक पहुँचना होगा। इसे तकनीक व लचीली नियामक प्रणाली द्वारा हासिल किया जा सकता है। श्री मोदी ने उच्च सूचना तकनीकी आधारभूत ढाँचों को स्थापित करने की महत्ता पर जोर

दिया है, जिसका इस्तेमाल दूरस्थ नगरों एवं गाँवों को विश्वविद्यालयों और कॉलेजों से जोड़ने के लिए किया जा सकता है। वस्तुतः दूरस्थ शिक्षा प्रणाली जनता तक शिक्षा पहुँचाने का सशक्त माध्यम बन गई है। इसलिए भारत के पाँच लाख गाँवों तक इंटरनेट के विस्तार को बढ़ाने के लिए स्नातकों को त्वरित, सस्ती और गुणवत्तापूर्ण शिक्षा प्रदान करना जरूरी है।

श्री मोदी यह भी मानते हैं कि शिक्षा और रोजगार आपस में संबद्ध होने चाहिए। वे उद्योग की जरूरतों पर ध्यान देते हुए कई व्यावसायिक और तकनीकी संस्थानों के विस्तार की बात कहते हैं। यही नहीं, उनका यह भी कहना है कि बिना निजी संस्थानों के अधिदेशों और गुणवत्ता को कम किए उनके गठन के लिए नियामक अनिवार्यताओं को भी स्वतंत्र करना जरूरी है।

यह विचार और कहाँ आजमाया गया है?

गुजरात (भारत)

उच्च शिक्षा को विविधता प्रदान करने और उसकी पहुँच को बढ़ाने के उद्देश्य के साथ सरकार ने अनेक विशिष्ट विश्वविद्यालयों का गठन किया है। ये विश्वविद्यालय उन महत्त्वपूर्ण दक्षता कमियों को भरते हैं, जिसे पारंपरिक विश्वविद्यालय नहीं कर पाते हैं। देश में गुजरात एकमात्र ऐसा राज्य है, जिसमें बच्चे के लालन-पालन और कल्याण, शिक्षकों के प्रशिक्षण, न्यायिक विज्ञान के अध्ययन व खेल शिक्षा को समर्पित विश्वविद्यालय हैं। हजारों विधवाओं को प्रशिक्षित करने तथा उनकी आर्थिक आत्मनिर्भरता प्राप्त करने में मदद करने के लिए राज्य सरकार ने इंटरनेशनल सेंटर फॉर इंटरप्रेनेयुरशिप एंड कॅरियर डेवलपमेंट के साथ भागीदारी की है। यही नहीं, गुजरात सरकार ने उद्योग के लिए प्रभावी निपुणताओं को प्रस्तुत करने के

लिए राज्य संस्थानों और निजी कंपनियों के बीच भी भागीदारी की है।

अमेरिका में सामुदायिक कॉलेजों की अवधारणा

सामुदायिक (कम्युनिटी) कॉलेज दो वर्ष के कॉलेज होते हैं, जिनमें बहुत कम फीस तथा खुला प्रवेश होता है, जो स्थानीय समुदाय की जरूरतों से जुड़ी शिक्षा प्रदान करते हैं। द्वितीय विश्वयुद्ध के बाद राष्ट्रपति ट्रूमैन ने इन कॉलेजों के क्षेत्र का विस्तार किया था, क्योंकि उन्हें तेजी से औद्योगिकीकरण की ओर बढ़ते समाज में एक महत्त्वपूर्ण पणधारी के रूप में देखा जा रहा था। ये सामुदायिक कॉलेज वर्कफोर्स ट्रेनिंग, हेल्थकेयर, निर्माण, संचारण, जन प्रशासन व रक्षात्मक सेवाओं जैसे विविध क्षेत्रों में उच्च श्रेणी का प्रशिक्षण देते हैं। ये कॉलेज एक बाजार की तरह भी काम करते हैं। जहाँ समुदाय और छात्रों की पसंद की जरूरतों पर ध्यान दिया जाता है। आज अमेरिका में लगभग 1600 सामुदायिक कॉलेज हैं और देश के लगभग आधे स्कूली छात्र इन कॉलेजों में शिक्षा पाते हैं।

❑

जिस समाज में नारी की पूजा होती है, वहीं उनके लिए साफ-सफाई की न्यूनतम व्यवस्थाओं की कमी उनके सम्मान और सुरक्षा पर बड़ा आघात है।

अध्याय : 12

पहले शौचालय, फिर देवालय

इसका क्या अर्थ है?

'पहले शौचालय, फिर देवालय' के सिद्धांत में शौचालय शब्द का इस्तेमाल सफाई की पर्याप्त सेवाओं के प्रतीक के रूप में किया गया है। यह अवधारणा नागरिकों को साफ-सफाई की सुविधा को प्राथमिकता देने की जरूरत को रेखांकित करती है; क्योंकि यह मानव की एक मूल जरूरत है। उपयुक्त सफाई की सुविधाओं की कमी से न केवल अनगिनत बीमारियाँ पैदा होती हैं, वरन् इससे लोगों की मानवीय प्रतिष्ठा का ह्रास होता है और उनके विकास को अवरुद्ध करती है। सफाई की जरूरतें पूरी होने पर ही कोई व्यक्ति अन्य कामों को ठीक प्रकार से कर सकता है।

भारत के लिए इसकी जरूरत क्यों है?

सफाई की अवधारणा भारत में कोई नई नहीं है। हड़प्पा सभ्यता के नियोजित शहर मोहनजोदड़ो में शहरी सफाई के प्रमाण मिले हैं। उपनिषदों में भी स्वच्छता के नियमों को वर्णित किया गया है और कहा गया है कि मानव शरीर का जैविक कार्य किसी अन्य कार्य की ही तरह

दैवीय है। प्रसिद्ध कहावत 'स्वच्छता भक्ति की तरह है' हिंदू धर्मग्रंथों से ही प्रेरित है, जो यह कहते हैं कि लोगों को भगवान् के मंदिरों में स्वयं को स्वच्छ करने के बाद ही प्रवेश करना चाहिए।

दुर्भाग्यवश आज आधे से भी कम भारतीय घरों में शौचालय हैं। भारत की 50 प्रतिशत जनसंख्या खुले में शौच करती है। इससे पानी दूषित हो जाता है, जिससे बच्चे जलजनित बीमारियों व कुपोषण के शिकार हो जाते हैं। हमारे लगभग 48 प्रतिशत बच्चे किसी-न-किसी तरह के कुपोषण का शिकार हैं, जिससे उनके शारीरिक और मानसिक विकास पर कुप्रभाव पड़ रहा है। उचित सफाई सुविधाओं की कमी के कारण समस्त मौतों में से 10 प्रतिशत इसकी वजह से ही होती हैं।

एक अनुमान के अनुसार अपर्याप्त सफाई सुविधाओं के परिणामस्वरूप अर्थव्यवस्था अपने कुल घरेलू उत्पाद (जीडीपी) का लगभग 6 प्रतिशत गँवा देती है। वर्तमान को देखते हुए ऐसा लगता है कि प्रत्येक नागरिक को शौचालय की सुविधा प्रदान करने के अपने 'मिलेनियम डेवलपमेंट गोल' (एमडीजी) को भारत गँवा बैठेगा। इसके मलावी और चाड जैसे क्षेत्र उप-सहाराई राष्ट्रों में भारत को भी शामिल कर देंगे।

साफ-सफाई की कमी एक सामाजिक बुराई है। सफाई की सुविधाओं की कमी के कारण हाथ से मल उठाने वालों के कार्य में बढ़ोतरी होती है। समाज ने लंबे समय से इन लोगों का बहिष्कार किया है। यह स्वीकार्य नहीं किया जा सकता है कि ऐसा चलन उस राष्ट्र में फले-फूले, जो अगली महाशक्ति बनने की दिशा में अग्रसर है।

भारत बहुत ही धार्मिक समाजवाला देश है और यह दुनिया के सभी धर्मों का घर भी है। मंदिरों में प्रवेश करने और पूजा करने से पहले अनेक भक्त लोगों के पास नहाने व स्वयं की साफ-सफाई की सुविधा

नहीं है। यह बहुत ही शोचनीय बात है कि अभी भी करोड़ों ऐसे भारतीय हैं, जिनके पास मूल आवश्यक सुविधाएँ तक नहीं हैं।

श्री नरेंद्र मोदी का समाधान क्या है ?

नरेंद्र मोदी ने देखा है कि एक गाँव में जहाँ मंदिर निर्मित करने के लिए लाखों रुपए खर्च किए जाते हैं, पर लोगों की एक बड़ी संख्या के पास अपने घर के पिछवाड़े में साधारण सा शौचालय बनाने तक के लिए भी पैसे नहीं हैं। श्री मोदी का मानना है कि हम ऐसी संस्कृति में विश्वास रखते हैं, जो औरतों की पूजा करती है, परंतु कितनी दुर्भाग्यपूर्ण बात है कि शौचालय की सुविधा न होने से उनका सम्मान व सुरक्षा खतरे में पड़ जाती है। मोदी मानते हैं कि सबके लिए स्वच्छता को एक राष्ट्रीय प्राथमिकता बनाने के लिए सरकार और समाज दोनों को तालमेल बनाना चाहिए। सरकारों को अधिक शौचालय बनाने चाहिए, तो इन शौचालयों का इस्तेमाल करने के लिए सामाजिक व्यवहार में एक विस्तृत पैमाने पर बदलाव लाना जरूरी है।

यह विचार और कहाँ आजमाया गया है ?

गुजरात (भारत)

2006-2007 में सफाई सुविधाओं के निर्माण व उनके अधिकाधिक उपयोग को बढ़ावा देने के उद्‌देश्य से गुजरात सरकार ने 'निर्मल गुजरात मिशन' योजना आरंभ की। इस योजना के तहत सरकार ने एक विशेष उद्‌देश्य वाहन (स्पेशल पर्पज व्हीकल-एलपीवी) बनाया। निर्मल गुजरात मिशन गैर-सरकारी संगठनों, महिला स्वयं सहायता समूहों, छात्र संघों व सामुदायिक संगठनों के साथ मिलकर काम करता है। इस योजना के तहत प्रत्येक स्कूल, पंचायत घर, प्राथमिक स्वास्थ्य देखभाल केंद्र और

आँगनवाड़ियों में शौचालय होने चाहिए और शौचालयों के प्रयोग को बढ़ावा देने का प्रचार किया जाता है। वे ग्राम पंचायतें, जो इस लक्ष्य को पूरा कर लेती हैं और हाथ द्वारा मल उठाने की प्रथा पर विजय प्राप्त कर लेती हैं, उन्हें नकद पुरस्कार दिए जाते हैं। गुजरात सरकार जल्दी ही एक नया कानून बनाने वाली है, जिसमें हाथ से मल उठाने के लिए किसी को रखना एक कानूनी अपराध होगा।

सिहोर जिला, मध्य प्रदेश (भारत)

मध्य प्रदेश के सिहोर जिले में उस समय शौचालय क्रांति आई थी, जब एक युवा दुलहन अपने पति के घर को इसलिए छोड़कर चली गई, क्योंकि पतिगृह में शौचालय नहीं था। इसने 'शौचालय नहीं, तो दुलहन नहीं' अभियान को शुरू किया, जिसने औरतों के लिए शौचालय को विवाह के एक जरूरी कार्य के रूप में प्रस्तुत किया। मध्य प्रदेश सरकार ने सिहोर जिले में असंख्य युगलों के विवाह समारोह को प्रायोजित किया। इसमें विचार की शर्त यह रखी गई थी कि उन्हें अपने घर के शौचालय का एक चित्र भी साथ जमा कराना होगा।

प्रजातांत्रिक बांग्लादेश में स्वच्छता की सफलता

बांग्लादेश एक कट्टर इसलामिक देश होने के साथ-साथ उस समुदाय का जन्मस्थल है, जो पूर्ण स्वच्छता की सोच को प्रेरित करता है, जिसे अब कई विकासशील देशों ने भी अपना लिया है। 1990 में शौचालयों का प्रयोग करने वाली आबादी का प्रतिशत 38 प्रतिशत से 2011 में 55 प्रतिशत हो गया था। शौचालयों को उपलब्ध कराने के स्थानीय व निजी क्षेत्रों की सहयता से बांग्लादेश सरकार ने बड़े पैमाने पर खुले में शौच करने से पहले शौचालयों के उपयोग पर सामाजिक

नियमों को केंद्रित कर दिया था। बांग्लादेश की कहानी से कुछ सीख सकते हैं कि स्थानीय प्राधिकारियों को वित्तीय सहयोग व शौचालयों के सतत उपयोग को बढ़ावा देने के लिए निरंतर मार्केटिंग करते हुए सरकार के पास स्वच्छता को प्राथमिकता देने के लिए एक राजनैतिक इच्छा होना जरूरी है।

❑

अध्याय : 13

जनसमूह के द्वारा समूह उत्पादन के साथ अर्थव्यवस्था

समूह उत्पादन बड़े पैमाने की अर्थव्यवस्था प्राप्त करने के लिए उत्पादों की बड़ी मात्रा का उत्पादन करने की प्रक्रिया है। इसके पैमाने (स्तर) और आकार के स्वरूप को देखते हुए जनसमूह उत्पादन अनगिनत नौकरियों को निर्मित करता है। जब राष्ट्रीय स्तर पर ऐसे तथ्य को दोहराया जाता है तो इसका अर्थव्यवस्था पर संक्रामक असर पड़ता है। ज्यादातर लोग कम आय वाली कृषि नौकरियों को छोड़कर बड़े उत्पादन कार्य को चुनते हैं, जो अंततः देश को एक औद्योगिक क्रांति की ओर ले जाता है।

भारत के लिए क्या जरूरी है?

भारतीय इतिहास के अधिकांश भाग में हमारी अर्थव्यवस्था अत्यंत प्रतियोगी निर्यात आधारित अर्थव्यवस्था थी। देश में स्वर्ण मुद्राओं का विशाल अंतर्वाह इस सच का प्रमाण है कि भारतीय अर्थव्यवस्था इतनी प्रतियोगी थी कि हमारे व्यापारी जितना निर्यात करते थे, उससे कहीं अधिक आयात करते थे। लोकमान्य तिलक, श्रीअरविंद

घोष और लाला लातपत राय जैसे देशभक्तों के नेतृत्व में चलने वाले स्वदेशी आंदोलन ने इस बात का समर्थन किया कि भारतीयों को अंग्रेजों द्वारा बनाई वस्तुओं का इस्तेमाल करने के बजाय स्वदेश में निर्मित वस्तुओं का उपयोग करना चाहिए।

यद्यपि भारत उत्पादन की प्रतियोगिता में टिक नहीं पाया। न्यून निर्माण क्षेत्र नौकरी के बहुत कम अवसर पैदा करते हैं और अर्थव्यवस्था की उत्पादकता को सीमित कर देते हैं। उत्पादन क्षेत्र के उत्थान के बिना भारत उन लोगों को रोजगार के बेहतर अवसर देने में असमर्थ है, जो कृषि में अपनी इच्छा के कारण नहीं, वरन् मजबूरीवश जुड़े हैं।

व्यापार के स्तर पर उत्पादन को सुगम बनाने के लिए भारत की विशाल जनता बेहतरीन मंच का काम करती है। लेकिन खराब आधारभूत ढाँचा और अदूरगामी नीतियाँ उत्पादन से जुड़े विकास को अवरुद्ध कर देती हैं। अमेरिका, ब्रिटेन, जापान और चीन जैसे बड़े देशों का आर्थिक इतिहास बताता है कि इन देशों ने मध्यम आय-स्तर को पाने के लिए कृषि अर्थव्यवस्था से उत्पादन अर्थव्यवस्था में अपना बदलाव किया है। पिछले कुछ वर्ष दरशाते हैं कि उत्पादन क्रांति से बचने का भारत का प्रयास देश के आर्थिक कल्याण के लिए अत्यंत महँगा साबित हुआ है।

इस पर गौर करें–दीवाली के लिए गणेश की मूर्तियों का आयात चीन से इसलिए किया जाता है, क्योंकि व्यापारियों को ये भारतीय मूर्तियों से कहीं अधिक सस्ती पड़ती हैं। चीन भारत की तुलना में सस्ते उत्पाद इसलिए बना पाता है, क्योंकि वह सामूहिक रूप से अपने कार्यबल को एकत्र कर पाता है और व्यापक स्तर के उत्पादन के कारण कम कीमत में सामान बना पाता है। जब तक भारत ऐसी सुविधाएँ स्थापित नहीं करता है, जो कम दामों में उच्च गुणवत्ता वाली वस्तुओं का उत्पादन तीव्र गति से कर सकें, तब तक यह माँग स्थानीय स्तर

पर पूरी नहीं हो पाएगी और लोग विदेशों में बनी चीजों को ही खरीदते रहेंगे।

सवा अरब की आबादी वाले देश में जनसमूहों को रोजगार की अधिक उत्पादकता में लगाने की अत्यावश्यकता है।

श्री नरेंद्र मोदी का समाधान क्या है?

नरेंद्र मोदी का मानना है कि निपुणता, गति और मापक्रमणीयता भारत को एक आर्थिक महाशक्ति में तब्दील कर देगी और मापक्रमणीयता तभी प्राप्त की जा सकती है जब हमारी विशाल आबादी को एक उत्पादन सक्रिया में एकीकृत किया जाएगा। उन्होंने कहा था कि भारत की विशाल आबादी को देखते हुए सरकार को औद्योगिक कार्यबल का विस्तार करने के लिए कदम उठाने चाहिए, जो वर्तमान में अत्यंत छोटा है। जब अधिक लोग अधिक उत्पादक और पैसे देने वाले उत्पादन क्षेत्र में प्रवेश करते हैं तो आय में वृद्धि होने से गरीबी को कम किया जा सकता है।

इस विचार को और कहाँ आजमाया गया?

गुजरात (भारत)

2009 में गुजरात ने 'स्पेशल इंवेस्टमेंट रीजन' (एस.आई.आर.) निर्मित करने के लिए एक अनूठा नियम लागू किया। निर्धारित एस.आई.आर. में गुजरात सरकार की कंपनियों को विस्तृत पैमाने पर उत्पादन केंद्र गठित करने के लिए प्रोत्साहित करने की योजना है। राज्य सरकार ने उन कंपनियों को आकर्षित करने के लिए 'एकल खिड़की निकासी' का गठन भी किया है, जो एस.आई.आर. में निवेश करना चाहती हैं और जो एस.आई.आर. के बाहर संचालन कर रहे व्यापार को विशेष लाभ भी दे रही हैं। एक बार यह पूरी तरह स्थापित हो जाने

के बाद एस.आई.आर. औद्योगिक विकास को कायम रखने के लिए विश्वस्तरीय भौगोलिक और सामाजिक ढाँचे से युक्त एक आत्मनिर्भर नगरी होगी। गुजरात सरकार मानती है कि अब धीरे-धीरे एस.आई.आर. विश्वस्तरीय उत्पादन का गढ़ बन जाएँगे।

चीन के जन प्रजातांत्रिक में डेंग जाइओपिंग के सुधार

1970 तक चीन एक कृषि आधारित गरीब अर्थव्यवस्था थी, जहाँ चावल एक मुख्य उत्पादन था। उसकी प्रति व्यक्ति आय भारत से बहुत कम थी। यह देखते हुए कि चीन की विशाल आबादी का उपयोग अधिक उत्पादक गतिविधि के लिए किया जा सकता है, सिंगापुर और हांगकांग की आर्थिक तरक्की से प्रेरित होकर चेयरमैन जाइओपिंग ने हांगकांग के पास 1980 में शेनकेन में 'स्पेशल इकोनॉमिक जोन' (सेज) की अवधारणा स्थापित की। सेज का विचार क्रांतिकारी था, क्योंकि यह साम्यवादी देश के लिए एक आर्थिक द्वीप होता, जहाँ निजी व्यापारियों को, मजदूरों को नौकरी पर रखकर चीन के बाहर उत्पादों का निर्यात करने की अनुमति थी। चेयरमैन जाइओपिंग को लगा कि सेज का विचार ऐसे देश में सुधारों को लागू करने में एक प्रभावी माध्यम साबित होगा, जो सैद्धांतिक रूप से मुक्त व्यापार का विरोध करता था। धीरे-धीरे पिछले तीन दशकों में चीन ने इस नीति को अपने पूर्वी तट में भी स्थापित कर दिया और अब यह 'दुनिया की फैक्टरी' के नाम से प्रसिद्ध हो गया है।

❑

विकास और प्रगति के आधारभूत ढाँचों के प्रोजेक्ट्स का असली लाभ आमजन को मिलना चाहिए। अगर इस विकासक्रम के डिजाइन या कार्यान्वयन में उनकी कोई भूमिका नहीं है तो इस विकास की गति बाधित होगी।

अध्याय : 14

जनता की सार्वजनिक-निजी भागीदारी

इसका क्या अर्थ है?

सार्वजनिक–निजी भागीदारी (पब्लिक प्राइवेट पार्टनरशिप–पीपीपी) एक परियोजना को पूरा करने के लिए सरकार और एक निजी क्षेत्र के व्यवसाय के बीच हुआ समझौता है, जिसका उपयोग जनता को सेवाएँ प्रदान करने के लिए किया जा सकता है। पीपीपी अधिकांशतः भारत में आधारभूत ढाँचे पर ज्यादा केंद्रित होते हैं (एक्सप्रेस वे, हवाई अड्डे आदि)। पीपीपी में एक और पी (पीपुल) जोड़ने से सार्वजनिक निजी परियोजनाओं में लोगों की भागीदारी जुड़ जाती है। इसका अर्थ है– नागरिक समूहों, समर्पित पेशेवरों, परिष्कृत रूपरेखा, कार्यान्वयन, निरीक्षण और इन परियोजनाओं की समीक्षा में सेवानिवृत्त विशेषज्ञों का सम्मिलन।

भारत के लिए यह क्यों जरूरी है?

भारतीय इतिहास में एक परियोजना को पेश करते हुए स्थानीय लोगों के बीच आम सहमति विकसित करना अहम बात रही है। बुंदेलखंड के राजा और राजस्थान के राजपूत स्थानीय लोगों की राय जानने के बाद ही कुएँ व तालाब खुदवाया करते थे।

आज दुनिया भर में सरकारें जन सेवाओं के प्रावधान करने के लिए बाजार की ताकतों के साथ भागीदारी करने के लिए विशाल नियोजित योजनाओं व परियोजनाओं से दूरी बना रही हैं। पीपीपी भारत जैसे देश में महत्त्वपूर्ण है, जिसे अपनी ढाँचागत जरूरतों को पूरा करने के लिए बड़ी मात्रा में धन की जरूरत होती है और यह न्यून सार्वजनिक धन से पीड़ित है, जो अपने बड़े सामाजिक दायित्वों को पूरा करने में लगा है। पीपीपी आधारभूत ढाँचों को निर्मित करने के लिए सरकार और निजी क्षेत्र के बीच धन व जोखिम बाँटने में मदद करता है।

अनेक पीपीपी परियोजनाओं के अनुभव से यह पता चलता है कि सहज कार्यान्वयन के लिए मुख्य पणधारियों से तालमेल बिठाना जरूरी है, उन लोगों के साथ, जो परियोजना द्वारा प्रभावित हैं या सेवाओं का उपयोग कर रहे हैं। इसने 'चार पी' यानी 'पीपीपीपी' शब्दावली को जन्म दिया है, जिसका अर्थ है, परियोजनाओं के अधिक प्रभावी डिजाइन व प्रभावी उपायों के लिए जनता को शामिल करना।

जैसे कि दिल्ली-गुड़गाँव एक्सप्रेस वे परियोजना गलत कारणों की वजह से सुर्खियों में रही। डिजाइन बनने के चरण से ही सरकार वास्तव में भूमि पर अधिग्रहण किए बिना, सरकार निजी भागीदारों को भूमि उपलब्ध कराने के लिए वचनबद्ध है। एक्सप्रेस वे के आसपास के क्षेत्र घनी आबादी वाले हैं और भूमि के कुछ खंडों पर अधिग्रहण करना कठिन था, जिससे परियोजना की पूरी कार्य-सारिणी पर असर पड़ा। परियोजना खत्म हो जाने के बाद पुराने ट्रैफिक की स्थिति के कारण व गुड़गाँव शहर के तेजी से होते विकास के कारण टोल वे पर भारी भीड़ हो जाती है। चुंगी लेने के काम को ऑपरेटरों द्वारा स्वयं किए जाने के कारण लंबी कतारें लग जाती हैं, जिससे परियोजना का मकसद ही नष्ट हो जाता है। परियोजना में जनता को मुख्य पणधारियों की तरह शामिल करने से इन परेशानियों को कम किया जा सकता है।

लोग ढाँचागत परियोजनाओं का लाभ पाने के हकदार तभी बन सकते हैं, जब इसके डिजाइन या कार्यान्वयन में उनकी भूमिका हो, तब इसके वांछनीय प्रभावों को बढ़ाया जा सकता है।

नरेंद्र मोदी का समाधान क्या है?

नरेंद्र मोदी इस बात का पुरजोर समर्थन करते हैं कि पीपीपी परियोजनाओं में जनता को शामिल किया जाए। इन परियोजनाओं में जनता को गैर-सरकारी संगठनों, स्थानीय समुदायों, पेशेवर समूहों, शिक्षण संस्थानों और मीडिया को शामिल किया जाए। वे मानते हैं कि परियोजनाओं के 'सामाजिक लेखा' में जनता का सम्मिलन मदद करेगा या यह निश्चित करेगा कि परियोजनाओं का किनको फायदा मिलेगा और परियोजनाओं पर सामाजिक पर्यावरण का क्या प्रभाव पड़ेगा। यह श्री मोदी के मंत्र के साथ जुड़ती है कि जनसेवा परियोजनाओं का 'लागत के बजाय नतीजा' क्या है।

जब नागरिकों को व्यवस्थित ढंग से विशाल आधारभूत ढाँचों की योजना और समीक्षा में शामिल किया जाता है, तो आमतौर पर परिणाम जनता, सरकार और परियोजना का निष्पादन करने वाले निजी दलों यानी सभी के लिए अच्छा ही होता है। भारत का सौभाग्य है कि उसके पास सक्रिय और शिक्षित नागरिक वर्ग तथा बहुविध गैर-सरकारी संगठन हैं, जिनको इन परियोजनाओं का निष्पादन करने के लिए आवश्यक सामाजिक दृष्टिकोण प्रदान करने के लिए काम में लगा सकते हैं। बड़ी संख्या में परियोजनाएँ भूमि अधिग्रहण, पुनर्वास और पर्यावरण संबंधी कुछ मुद्दे आदि के कारण खराब स्थिति में चल रही हैं, मुख्यतया इसलिए, क्योंकि उनकी योजना में स्थानीय जनता की भागीदारी और उनका ज्ञान शामिल नहीं है। श्री मोदी मानते हैं कि सब नई परियोजनाओं के लिए नागरिक भागीदारी को संभव बनाकर राज्य

लोगों को उस प्रक्रिया में एक सशक्त आधार देता है, जिसे दीर्घकालीन फायदे के लिए निर्मित किया गया है।

इस विचार को और कहाँ आजमाया गया है?

गुजरात (भारत)

वडोदरा हलोल टोल रोड प्रोजेक्ट, जो विस्तृत रूप से उल्लिखित और चार पी के गुणों का प्रशंसनीय उदाहरण है। कंपनी ने अपने पर्यावरणीय और सामाजिक आकलन में लिखा कि परियोजना 300 परिवारों का पुनर्वास करेगी। गहन सार्वजनिक विचार-विमर्श हुए, जिनके आधार पर अनगिनत विकल्पों को विकसित किया गया और अंतत: केवल 10 परिवारों का पुनर्वासित किया गया। कंपनी ने मंदिरों, स्कूलों और पर्यावरण ढाँचों को पुनर्स्थापित करने का काम भी हाथ में लिया। उसने अपने पुनर्वास उपायों के रूप में दलदली भूमि निर्मित करके, उत्सर्जन मानकों का पालन करते हुए और स्थानीय समुदायों के लिए प्रबंधन द्वारा पर्यावरण संबंधी सामाजिक प्रबंधन योजना को लागू किया। भारत में इस परियोजना को विश्व बैंक द्वारा सहायता प्राप्त समस्त परियोजनाओं में 'बेहतरीन कार्यप्रणाली' का दर्जा दिया गया।

बाल्टीमोर, अमेरिका में पुनर्विकास प्रक्रिया

अमेरिका के बाल्टीमोर शहर में उसके व्यापार केंद्र के पुनर्विकास में प्रोत्साहित करने वाले परिणामों के साथ चार पी की अवधारणा को आजमाया गया। इस मामले में निजी भागीदार खुदरा व्यापारी संघ था, जिसने मुख्य योजना बनाई, निर्माण कार्य को अंजाम देने वाली कंपनी को चुना और आरंभिक पूँजीगत लागत का 70 प्रतिशत हिस्सा उपलब्ध कराया। बाल्टीमोर शहर का प्रशासन बाकी लागत का भुगतान करने तथा परियोजना के लिए अपेक्षित सारे अनुमोदनों की व्यवस्था करने

को मान गया। इसके अतिरिक्त नागरिक समूह—ग्रेटर बाल्टीमोर कमेटी, जिनमें 100 उच्च प्रबंधकर्ता और प्रतिष्ठित नागरिक शामिल थे, संपूर्ण पुनर्विकास पहल का निरीक्षण करने के लिए चयन किया गया।

विचार-विमर्श के दौरान खुदरा व्यापारी संघ ने व्यापार केंद्र की मरम्मत करने के साथ-साथ एक शॉपिंग सेंटर निर्मित करने का भी प्रस्ताव रखा। ग्रेटर बाल्टीमोर कमेटी द्वारा पेश किया गया नागरिक समूह निर्माण योजना में बदलाव के कारण सामाजिक व पर्यावरण संबंधी प्रभावों को लेकर चिंतित था। शहर प्रशासन ने ग्रेटर बाल्टीमोर कमेटी को एक जनमत निर्मित करने के लिए योजना प्रक्रिया में शामिल होने का निर्देश दिया। अंततः इस बात पर सहमति हुई कि अल्पमत के अधिकार वाले व्यापारों के उपयोग का समर्थन करने के लिए निश्चित कदम उठाए जाएँगे, शहर प्रशासन को अच्छे कर-लाभ दिए जाएँगे और निर्माण प्रक्रिया को सावधानीपूर्वक सार्वजनिक जगहों पर गौर किया जाएगा। इस प्रकार सरकार, व्यापार समुदाय और नागरिक समूहों की सक्रिय भागीदारी के साथ, पुनर्विकास प्रयास 2000 नई नौकरियों और राज्य के राजस्व में करोड़ों अतिरिक्त डॉलर के रूप में एक बड़ी सफलता थी।

❑❑❑